実話怪談
穢死

川奈まり子

竹書房文庫

目次

※本書に登場する人物名等は様々な事情を考慮してすべて仮名にしてあります。

隣の部屋の幼女

吉永聡美《よしながさとみ》さんがそのアパートに入居したのは、二〇〇八年の八月のことだった。盆休みを利用して引っ越しをしたのである。その部屋を選んだ理由は、勤め先により近く、より家賃が安かったから。

薬剤師である彼女の年収は比較的高かったが、家には寝に帰るだけで、住環境にこだわりはなかった。独身で三十代、唯一の趣味は株式投資で、自宅にいる間はパソコンで株価の動向をチェックしているか、さもなければ布団を被って眠っている。

「食事は外食で、家を訪ねてくる人もいないから、本とパソコンさえ置ければ、どんな部屋でも構わないわけで。あのアパートは今まで住んだうちでは比較的マシな方だった」

高速道路の高架のそばに建つ築浅の三階建てで、総戸数は十三、間取りは1Kか1LDKで家賃は約六、七万円。この辺りは昭和時代から工場地帯として有名な地域で、現在も工員や土木作業員などの肉体労働者とその家族が住民に多いといわれている。また、北に一・五キロ行ったところに多摩川《たまがわ》の河川敷があり、近所に大きな公園や保育園、小学校もあって、若い夫婦が子育てするのに適した環境だった。

聡美さんは二階の一室に住むことになった。ご近所への引っ越しの挨拶は省いてしまったが、部屋を紹介した不動産屋と大家によると、お隣は、一方は四人家族、もう一方は独身男性だが出張が多い職業に就いていて留守がちということだった。大家の一家が暮らす二階建ての家がアパートと同じ敷地内にあり、日中の荷物の受け取りなどをお願いできるので便利だった。

ちなみに、その頃と現在とではアパートの名称が異なっているが、大家は変わっていないらしい。住人は全員入れ替わっているのではないかと聡美さんは推測する。

「あれから十年近く経つから。元々長く住む人が少ないタイプのアパートだと思うんだ。それに、あの事件のあとバタバタと引っ越していったからねぇ……。ニュースが流れた翌日、出ていった人もいたぐらい。気持ちはわかるよ。まさか、あんなことしてるとは思わなかったけど、なんでもっと早く気づけなかったんだろうと私も思ったもん」

聡美さんが「あんなこと」というのは、お隣に住む四人家族のことだ。二十一歳の母親と二十四歳の交際相手が、三歳の長女を嬲《なぶ》り殺しにしたのだ。しつけと称して二人がかりで三日間暴行しつづけ、十二指腸《じゅうにしちょう》破裂で死に至らしめたのだという。もう一人の二歳の長男は無事だった。

聡美さんの入居から三ヶ月後に、実際に起きた傷害致死事件である。

「偶然だけど、私が来た頃から虐待が酷くなったらしいんだよね」

聡美さんは憂鬱《ゆううつ》な顔で呟いた。「あんなお腹で、よくもまあ、やったよね」

逮捕された当時、母親は三人目の子を身ごもっており、妊娠九ヶ月だった。警察の取り調べに、「妊娠してイライラするのでやった」といったそうだ。共犯者の交際相手がお腹の子の父親で、こちらは「しつけのつもり」の一点張りだったという。

「あとで新聞や雑誌で読んだときはゾーッとしたよ。水を入れたペットボトルをセロテープで両手首にグルグル巻きにくっつけてバンザイさせたり、紐で体を縛ったまま何時間も立たせたりしてたんだって？　死なせた原因になったときは拳で何べんもお腹を殴ってたってね。母親が救急車を呼んで、駆けつけた市の消防局職員が通報したんだそうだけど……。三歳児にそんなことするかって驚いたけど、それより不気味だったのは、隣の部屋だったのに、私が悲鳴や怒鳴り声を聞いたことがなかったこと」

殴る蹴るは日常茶飯事で、たった三歳の幼女に対して、変質的とも思える体罰を頻繁に加えていたのに、怒声や悲鳴を聡美さんは耳にしたためしがなかった。

「警察に訊かれたときにも同じことをいったんだけど、小さな子がグスグスシクシク、しゃくりあげるような泣き声はよく聞こえてた。でも、誓ってそれだけだったんだ。あいうアパートの壁は薄ぅーいんだよ。テレビの音だって聞こえる。大声を出したら筒抜けだよ。そりゃあ私は夕ご飯を外で食べてから帰ってくるから、たいがい帰宅は深夜だけど、報道されたのを読むと、一晩中虐待してたこともあるそうじゃない?」

子供には猿ぐつわでもして、自分たちは無言で暴行していたのだろうか。

「怒鳴り散らしながらっていうより、黙って暴力を振るってる方が怖いよね。しかもさぁ……母親の方、二十一歳だったそうだけど、パッと見、高校生に見える可愛い子なんだ」

若くて可憐な女の子。しかしそのお腹は大きく迫り出している。

「下の子もちょっと殴られてたっていうね。事件後どこかに預けられたみたい。男の方はすぐ逮捕されて引っ張っていかれたけど、しばらくの間、母親はアパートに婦警と居たよ。産気づくまで在宅で取り調べられてたんだ。……私が本当に恐ろしい思いをしたのは、そのときからだよ」

臨月の母親がアパートに取り残され、夜間も婦警が付き添っている。

薄い壁一枚隔てた向こうには、今はもう子供たちはいない。

なのに……。

「シクシク子供が泣いてるんだよ！　いつまでも泣いてる。何時間も、だよ」

聡美さんは部屋にいるときは耳栓を着けることにした。

しかし少しでも外すと、必ず壁の向こうから泣き声が聞こえてきた。

「眠っているうちに無意識に耳栓を外してしまうことがあって、あるとき、泣き声で目が覚めてしまって……。もう我慢の限界だった。だから、幽霊なんているわけないんだから母親が泣いてるんだと思うことにしようって決めたんだ。ところがね、そのとき、シクシクの合間に『ママ』っていう小さな子の声が聞こえたもんだから……」

聡美さんは、声が聞こえてくる壁に向かって布団の中で手を合わせた。

「私は仏教徒じゃないんだけど、思わず、成仏してくださいと祈ったよ。でも全然……祈ろうが頼もうが、やっぱり泣きつづけてる。……そのうち、夢に出てきたよ」

幼女が死んでから一週間後の明け方、聡美さんは、目を開けたら《うつつ》、閉じていれば夢の続きに浸っていられるという半覚醒の状態にあった。誰しも、眠りから覚めるときには珍しくないことだ。目覚めると、たちまち、夢の内容を忘れてしまうことが多い。

聡美さんも、それまで見ていた夢の中身は思い出せないのだそうだ。

しかし、もうそろそろ瞼を開けようかと思ったときに夢に現れた幼い子供の姿が脳裏に灼きつき、それだけは今もはっきり憶えているのだという。

その子の顔は、あちこちブヨブヨと膨れて人間の顔とは思えないほどいびつになり、赤・青・紫・黒の斑もようの肌をして、目鼻の位置もよくわからない。

それが、腫れあがった両手で腹を押さえながら、異常に細い脚でよろめきながら歩いてくる。黒い粘液を血塗れのパンツのクロッチの両側から溢れさせながら。

肋骨が飛び出し、全身が新旧の痣《あざ》や傷痕で覆われ、髪は半ば抜け落ちて、性別も判然としないが、体の小ささから幼児であることがかろうじてわかる。

「そういうのが、こっちに向かってきた。『ママ』っていいながら……。ああ、これは虐待死した女の子に違いないと、そのときなぜか私は確信した。……今にしてみれば、かわいそうだね。でも、あのときは『ママ、ママ』っていいながら近寄ってきて、ついに抱きつかれそうになって、必死で『ママじゃない！』って叫んで飛び起きたよ」

起きるとすぐ荷造りを開始して、その日のうちに聡美さんは引っ越しの手続きを済ませた。夜はホテルを予約して泊まり、また見たらどうしようと怯えていたが、それきり虐待死した幼女が夢に出てくることはなかった。

「考えてみたら、私はあそこに住んでいた三ヶ月の間、いっぺんもあの子を見たことがなかった。夢で見ただけで、生きているうちは、チラッと見掛けたことすらなかったんだ」

それも怖いことだよね、と、聡美さんはいう。

逆さ女

東京都渋谷区千駄ヶ谷《せんだがや》二丁目の仙寿院《せんじゅいん》交差点と同神宮前《じんぐうまえ》二丁目の神宮前交差点の間にある《千駄ヶ谷トンネル》は、都内有数の心霊スポットとして有名だ。

昭和三十九年（一九六四年）三月に完工したこの隧道《ずいどう》は、同年開催された東京オリンピックに合わせて造られた。トンネルの上は今でも天保元年（一六六四年）に開闢《かいびゃく》された寺院の墓地で、現在トンネルがあるところも古い埋葬地だった。トンネル開削にあたって墓所の土が掘り起こされ、完工後に改葬された。このやや強引な扱いが、後の幽霊譚を生んだものだとする説が有力だ。

トンネルの上の寺院は、法霊山《ほうれいざん》仙寿院東漸寺《とうぜんじ》といって、紀州徳川家の菩提寺として知られ、小さな山の頂上にあった。山の麓に渋谷川《しぶやがわ》の支流が流れ、四季折々に花や草木が彩る境内は広大で、頂からの眺望もよく、谷中《やなか》の日暮里《にっぽり》に景観が似ていることから、この一帯は《新日暮里《しんひぐらしのさと》》と呼ばれ、江戸市中から観光客が訪れた。

山の麓の参道下には《お仲団子《なかだんご》》という団子屋が、江戸時代から明治元年（一八六八年）まであった。店名の由来は「お仲」という娘さんで、美人で評判だったという。

トンネルにも出るが、ここの四階にも出る――そう噂されている音楽関連会社の建物の近くのビルの前で、佐藤菜々《さとうなな》さんと私は待ち合わせした。お会いしてみると菜々さんは若くて可愛らしい人で、現代の「お仲さん」といった感じ。聞けば今は近くの和風甘味処で働いているというから、ますます団子屋の看板娘っぽい。

「このビルの地下に下りていく階段で、《逆さ女》を見たんです」

千駄ヶ谷トンネルのある二十四号線と外苑《がいえん》西通りが交差する角に建つ音楽関連会社の、外苑西通り側にあるビルである。

事前に、事故物件情報サイト『大島てる』で確認したところ、一階と地下の間の階段で何かがあったようで《心理的瑕疵《かし》物件》とされていたが、そう指定された原因となる事件や事故については記載がなく、ただ「不明」と書かれていた。

「《逆さ女》って、千駄ヶ谷トンネルに出るといわれている白い女の幽霊のこと？　トンネルの天井から逆さまになって車の上に落ちてくるっていう……」

幽霊目撃談というより、《逆さ女》は都市伝説的な現代の妖怪の類だと思う。実際に見た人が名乗り出たためしがないこと、一種の様式美を備えている点などが、昭和時代の《口裂け女》や《人面犬》に似ている。

しかし菜々さんは《逆さ女》を見たという。ただし、千駄ヶ谷トンネルで、ではなくて、その近くのビルの地下で。

「はい。二年前（取材時から二年前＝二〇一四年）まで、私はここに入っている会社でアルバイトしてました。怖くなって辞めたんですけど……」

「《逆さ女》に遭ったから？」

「遭ったというか、追い掛けられたんです」


六月六日、金曜日。昼から降りはじめた雨が暮れるにつれて激しくなり、仕事が済んでも一向に止みそうもない。菜々さんは当時、近くの公営住宅に祖母と二人で暮らしていた。この天気では、祖母は今日は買い物に出れなかったのではないか。会社を出る直前に、買ってきてほしい物はないか、祖母に電話して訊ねてみた。

祖母は案の定、買い物に行けていなかった。プリンとレトルトのカレーを買ってきてほしいといわれ、菜々さんは千駄ヶ谷トンネルのそばのコンビニに寄り道することにした。

まだ残業する人たちに挨拶し、傘をさしてコンビニに行き、買い物を済ませて表に出たところ、スマホに電話の着信があった。見覚えのない番号が表示されていたが、会社の人かもしれないと思い、とりあえず出てみた。

「はい。佐藤です」

「……わすれもの……」

「忘れ物?」

「とりにきて」

女性の声だが、くぐもっている上に酷いかすれ声で、誰だかわからない。「どなたですか?」と訊ねると、プツッと切られてしまった。

奇妙だと思ったが、忘れ物と聞いて、今日、社長が、戴き物の菓子をみんなで少しずつ持って帰るようにといっていたことを思い出した。

――義務ではないと解釈したし、正社員の人たちへの遠慮もあって、お菓子を貰ってこなかったのだけど、いけなかったのかな？

菜々さんは、とりあえず引き返してみることにした。コンビニと会社は百メートルぐらいしか離れていないから戻るのは簡単だ。すぐに会社のあるビルに到着し、エントランスに入って傘を畳んでいると、入って左手にある階段室の扉が開いていることに気がついた。

いつもは閉まっていて、夜間は施錠もされている、重い金属製の防火扉である。気にしながら扉の前を通り過ぎて、エレベーターへ向かおうとすると、そこから声が聞こえてきた。

「こっちこっち。わすれもの。とりにきて」

さっきの電話と同じ女性だが、このとき咄嗟に菜々さんは、経理の高橋さんという女性が風邪をこじらせてマスクを掛けていたことを思い出した。

「高橋さんですか？」

「そうそう。こっちこっち。わすれもの……」

扉に近づき、「どうしたんです？」といいながら中を覗き込もうとしたそのとき、顔の真ん前に、いきなり、逆さまになった女の顔が下がってきた。

菜々さんは、悲鳴をあげて後ずさりし、足をもつれさせて床に転んだ。女は扉の上の枠を両手でつかみ、逆さまになったまま菜々さんの方を凝視したかと思うと、ドサッと落ちた。そして、素早く四つん這いになると、菜々さん目がけて走ってきた。

その姿の異様なこと――どこがいちばん奇怪かといって、上下が逆になって頭がついているところが恐ろしかった。

菜々さんは傘も差さずにビルの外へ飛び出した。


「それで、どうなりました？」

「途中、仙寿院の交差点までは振り向かずに走りつづけました。うちに帰るには、そこで右に曲がらなくちゃいけなかったんです。運良く信号が青で……交差点を右の方へ渡ったところで初めて振り返ってみると、《逆さ女》が左の方に曲がっていくのが見えました。凄いスピードで四つん這いのまま走っていって、そのままトンネルに入っていきました」

遠目には、白っぽい犬のように見えたという。

「月曜日に出社したら、閉まった防火扉の前に、私が逃げるときに落としてきたレジ袋があって、中を見たら、プリンとカレーが綺麗に食べつくされていました」

ホルモン饂飩

京都競馬場で食べるホルモン饂飩《うどん》が好きで、本田兼文《ほんだかねふみ》さんは、当時付き合っていた彼女に同じものを作ってほしいとお願いしたのだという。

まずは彼女を競馬場に連れていって食べてもらって、「出来そうか」と訊ねると、「たぶん出来る」という答え。

彼女とは出逢ってから二ヶ月しか経っていなかったが、料理が得意なことは知っていた。というのも、釣り書きにそう書いてあったからだ。

兼文さんは、その頃、ちょうど四十歳で、結婚を焦っていた。事情を知る父方の伯母がお見合いのお膳立てをしてくれて、三人目のお見合いの相手が彼女だったというわけだ。

二ヶ月の間、週末しか会えなかったが、兼文さんの心は決まっていた。彼女は落ち着いた性格が全身に滲み出ているような女性で、穏やかで温かな雰囲気が好ましかった。

容姿も悪くない。地味で控えめな印象が、結婚相手としては理想的に映った。犬より猫が好きという点も気に入った。兼文さんは猫派だ。年齢も三十二歳と、子供を生むことも出来そうだし、かといって歳が離れすぎているわけでもないといった絶妙なところ。

しかも、夢のようだが、彼女の方でも兼文さんを好いてくれているようす。さらに、ホルモン饂飩をこしらえてくれるという。兼文さんは幸せだった。

ホルモン饂飩というと、岡山県津山《つやま》市のホルモン饂飩が有名だが、あれは焼き饂飩なのだ。それに対して、京都競馬場のホルモン饂飩はアツアツの汁に入った、かけ饂飩。刻んだ青ネギとおろしニンニクをかけて食べるのも特徴だ。

さて、競馬場に行った一週間後の日曜日、彼女はさっそく兼文さんのためにホルモン饂飩を作ってくれることになった。午前十一時、重そうなエコバッグを提げて彼のマンションにやってくると、料理をしている間、散歩してきてほしいという。

手伝いたいと思ったが、彼女がそういうなら、あえて逆らうこともないと思い、兼文さんは散歩に出掛けた。ついでに酒と肴を買って帰ろうと考え、財布を持ってきた。饂飩を茹でる前に、彼のスマホに連絡を入れると彼女は約束した。

最初は三十分程度だろうと予想していたが、一時間経っても彼女から連絡がなかった。

ホルモンの下ごしらえというのは、時間がかかるものなのかもしれない。牛の小腸を洗ったり下茹でしたりするのだという話を聞いたことがある。

面倒なことをお願いしてしまったのだろうか。今からでも帰って手伝おう。

そう思って、兼文さんは自宅に電話した。が、彼女は受話器を取ろうとしない。

人の家だから勝手に電話に出てはいけないと思っているのだろうと兼文さんは考え、彼女のスマホに連絡してみたが、それでも出ない。

料理に集中して、どうしても手が離せない状況なのかもしれない。もう少し待ってみることにして、暇なので兼文さんは彼女と引き合わせてくれた伯母に電話を掛けてみた。

「もしもし伯母さん、こんにちは、兼文です。今日は、先々月お見合いさせてもらった件で、あらためて御礼をいいたいと思って……」

ところが伯母には、一向に話が通じなかった。「いったい、なんのこと？ お見合いは四ヶ月前に二度目にさせたのが最後で、先々月なんて知りません」

兼文さんは驚いて、かくかくしかじかと説明をした。しかし伯母は、そんな女性は見

20

たことも聞いたこともないといい、終《しま》いには「夢でも見たんじゃないの」と彼を嗤《わら》った。

腹を立てながら兼文さんは電話を切り、伯母はきっとボケたのだと考えた。いくつになるか忘れたが、ともかく七十になる父の姉なんだから、元気そうに見えても相当なバアサンなのだ。気の毒に。

時計を見ると、散歩に出てから一時間半も経とうかという頃合い。彼女のスマホは故障したのかもしれないな、と、彼は思った。

とりあえず、マンションに帰ろう。

「ただいま……」

ドアを開けると、激烈な悪臭が鼻をついた。

家じゅうに、酷い臭いが充満している。彼女は何をやらかしたんだ?

落胆と不安に引きずられて台所に駆けつけた。

そこに彼女の姿はなく、火にかけられた大鍋の中で何かがグツグツと煮えている。悪臭の元はそれだと判断し、急いで火を止めて——。

「うげぇっ!」

兼文さんは吐きそうになった。

大鍋の中で煮え立っていたもの。それは腹を裂かれて体を裏返しにされた猫だった。猫の糞便が溶け出した汁が沸騰し、その中で、はみだした腸がヒラヒラと舞い踊っていた。

女性はそれきり行方をくらました。兼文さんの方でも二度と彼女に会いたくないと思っているが、あれ以来、ホルモン饂飩と猫が苦手になってしまったということだ。

髑髏の呼び声

一九九八年頃に、神奈川県鎌倉《かまくら》市で聞いた話。

当時、私はタウンペーパー的な地元情報を載せた冊子の編集部でアルバイトをしており、記者として鎌倉市内の老舗商店主などと交流があった。取材を通じて個人的に親しくなった人もあり、個人的な体験談を伺う機会も多かった。

ＪＲ鎌倉駅から鶴岡八幡宮《つるおかはちまんぐう》の間に、小町《こまち》通という商店街がある。観光客向けの新旧さまざまな店が軒を並べて絶えず人出があって賑わっているが、すぐ近くに、古くからの住民が暮らす地域があった。小町通から路地に入り、歩いていくうちに喧騒が後ろに遠のいて、至って閑寂な景色に包まれる。最近はあの界隈もだいぶ現代の風物に侵食されているけれど、その頃はまだ高い板塀や庭木に囲まれた枯淡な情緒のある一軒家が多かった。

小田《おだ》きくゑ《え》さんは骨董屋を営んでおり、当時、七十歳を優に越えていたと思うが、買い付けするのにも品物を納めるのにも自分で運転する車でどこへでも行く、モダンな女性だった。鎌倉町立鎌倉実科高等女学校を卒業し、海外で暮らした経験もあるというから、恵まれた階層の人であるには違いないが、粋で気さくで物識りだったので、私は一種の崇拝者として、口実をつけてはご機嫌うかがいに訪れていたのである。

その日、私は手土産を持ってきくゑさん宅に特に用事もなくお邪魔していた。七月の午後二時で、庭の池に紅色の水連がいくつも咲いていた。「綺麗ですね」と私がいうと、きくゑさんは「前の池の方が大きくて素敵だったのよ」と応えた。

「縦横二間半あって、真ん中に橋を掛けて、錦鯉《にしきごい》を飼っていたんです。でも去年の台風のせいで造り直すことになったとき、なんだか古い物も良いことばかりじゃないわと思って、今どき風のユニットバスみたいな池に取り換えてしまったの」

骨董屋のきくゑさんが「古い物も良いことばかりじゃない」とは只事でない。

前の年の九月下旬に台風が関東一円を直撃し、関東南部や伊豆諸島は死者十三名、負傷者九十六名、住居の全半壊八十一棟という甚大な被害に見舞われた。鎌倉市も豪雨による床上浸水が若干あったと聞いているが……。

「得心がいかないってお顔ですね？　いいわ。教えてあげる。池の底から白骨死体が出てきたんですよ。……驚いた？　でも殺人事件があったわけじゃなさそうなの。まず、池が台風の大雨で溢れたの。長年のうちに泥が溜まって底が浅くなっていたんでしょう。こんどこんなことがあったら家の根太が腐ってしまうと思って造り変えることにしたんです。そうしたら工事の途中で骨が出てきて、警察の事情聴取を受けるはめになったし、息子夫婦が心配してアメリカから飛んできてしまうし、他にも色々と面倒くさいことに……。もう懲り懲り。本当は商売を畳んで引っ越したいぐらいですよ。あの頃に知り合ってたら、あなた、書きたがったんじゃないの？　お断りしたと思いますけど」

「どうしてダメなんです？」

「だって家の恥ですもの。悪事を働いたわけじゃないとはいえ、外聞が悪すぎます。少なくとも私の目が黒いうちは、読み物にしたら承知しません」

白骨死体は五体あり、どれも二百年以上前の古いものだったという。

「庭じゅうほじくり返せば、もっとたくさん出たんじゃないかしら。掘る面積を広げたら、何体でも出てきそうな気がしました。ここは由比《ゆい》ガ浜からも近いですから」

「ああ、つい最近まで、話題になってましたね！　鎌倉海浜公園のところから由比ガ浜の大鳥居のところまで辺り一帯が昔の埋葬地だったという話で、何千体分も人骨が発見されて、それも比較的、新しいものだったとか」

「そう、それですよ。私は、由比ガ浜からチョイと離れた場所だって、家や店が建っているから調べられないだけで、わかったもんじゃないと思ってます。隣近所のお宅も、掘ったら骨が出てくるでしょうよ！　去年のあのとき、役場の人たちが発掘調査させてほしいっていってきたから、お断りさしあげたんです。町じゅうの家という家の敷地を掘り返すというなら我慢しますけど、うちだけというのは納得いきませんと申し上げました。そうしたら、池のあったところだけやらせてくれ、と。それは許してやりましたよ」

「池から出たのは、どんな骨でしたか？」

「一体が女性ので、あとは十歳前後から十代前半ぐらいの子供のでした。そして、どれも頭蓋骨が無い、首なし死体でした。……どうりで、と、私は思ったんですよ」

きくゑさんの家では、江戸時代にこの土地に住むようになったときから、怪談めいた話を語り継いできたのだという。

——深夜、「おーい」と呼ぶ声が聞こえて目が覚めると、布団の横を小学生ぐらいの子供たちがぞろぞろと通っていく。子供たちは全員、首を切り落とされているが、目が見えるかのように迷いなく歩いている。

「おーい、おーい」と遠くから呼ぶのも子供の声で、一人二人が叫んでいるのではない。何十、何百という人数で、一斉に「おーい、おーい」といっている。

このとき、「どこから呼ぶのか。どこへ行くのか」と問うと、「××山××院××寺から招いております」と答える声があるが、「おーい」と呼んでいるのは死児たちの髑髏《どくろ》で、訊けば必ず、次に首のない幽霊が出たときに呼び声に応えて魂が抜けて、死んでしまうのだという。

正式名称を「墓地埋葬等に関する法律」という、いわゆる《墓埋法》が、施行されたのは昭和二十三年（一九四八年）のことだ。この法律と、各地方自体ごとの条例によって、人の遺体の土葬は禁止または規制されている。

では同法の施行前はどうだったのかというと、自葬を禁止して神式又は仏式で葬儀を行なえとする《自葬法》（明治五年）など、葬儀に関して幾つか制約が設けられていたものの、遺体の処理は今よりルーズだった。

ことに天災・戦災によって大量死があった際には、死者の数すら正確に数えず、とるものもとりあえず死体を掻き集めて埋めていた。明治三陸大津波から長崎の原爆まではそうで、このことが、古い史料にある被災者の死亡者数が「推定」「約」あるいは、「死者・行方不明」となっている原因だという。

一九九五年から一九九七年にかけて、神奈川県鎌倉市由比ケ浜海岸一帯で発見・発掘調査された《由比ヶ浜南遺跡》は、鎌倉時代中期から江戸時代にかけての共同埋葬所の遺構だといわれている。

ここで見つかった約四千体の人骨には合戦による刀傷などが無く、病死や災害によって死亡した人々の遺骨だろうといわれている。

墓碑もなく、ぞんざいに穴に放り込まれたような遺体が多かったが、後世の人が共同墓地の上に家を建てるにあたって墓を掘り起こし、遺体から首を切り離して、髑髏だけを供養したこともあるらしい、と、その後の研究でわかっている。

心霊ドライブ

社会人になって初めて迎えるゴールデンウィークだった。湘南《しょうなん》生まれ湘南育ちの加《か》藤孝《とうたかし》さんは、その日、地元の仲間とカラオケボックスに集まってひとしきり楽しんだ。

「みんなで明日から連休だといって浮かれてたから、たぶん土曜日です。藤沢駅の近くのカラオケボックスで集合して、すごく盛り上がりました。最後まで残ったのは僕を入れて七人で、俺と、もう一人、フジワラっていうのが車で来てました。最初から、俺とフジワラで手分けしてみんなを車で送ってやるつもりで……。全員ジモティ（地元の住民）だから送るのは難しくないし、俺は車を手に入れたばかりで、誰か乗せてみたくてうずうずしてたんですよ」

過去のカレンダーで私が確認してみたところでは、それはたぶん平成三年（一九九一年）四月二十七日のことだ。湘南地方の夜の天気は曇り。孝さんたちのグループの内訳は、男性三人、女性四人。全員同い年で、地元の公立中学や高校の同級生だった。

「久しぶりに会うヤツもいたし、女の子たちも混ざってるし、俺とフジワラは飲んでなかったけど、アルコールが入ってるのもいて、全員興奮気味でした。カラオケボックスが閉店時間になって追い出されても、みんなまだ遊び足りないっていうんで、なんとなく思いついて、じゃあ、ドライブを兼ねて車で心霊スポット巡りしない？　キタカマ（北鎌倉）から散在《さんざ》ガ池へ行って、ハチマングウ（鶴岡八幡宮）から下馬の交差点、そこからサンイチイチ（県道三一一号線）で小坪《こつぼ》トンネルってコースはどうよ？　っていったら、みんなイイねイイねって大ウケして、二台に分かれてさっそく出発しました」

九十一年当時のカラオケ店は、深夜十一時か十二時で閉店するところが多かった。通信カラオケが登場するのはこの翌年のことで、大型のチェーン店もまだ登場していない。また、この当時は携帯電話がまだ普及していなかった。孝さんとフジワラさんは示し合わせてトランシーバーを持ってきていた。

他に孝さんが用意していたものは、使い捨てカメラの《写ルンです》と懐中電灯。

「ところが、散在ガ池森林公園に着いて、車を降りて、池を目指して遊歩道を歩いてるうちに、《写ルンです》のシャッターが下りなくなったんです。まだフィルムはいっぱいあったのに、急に……。それから、池のところにある怪談みたいな伝説が書いてある看板をみんなで読んで、シャッター下りないし、やべぇ！　ホンモノじゃん！って騒ぎながら車の方に戻ってったら……フジワラの車のそばに子供が何人か立ってました」

小学校高学年から中学生ぐらいの少年たちのように見えたという。懐中電灯を向けると、フッと横にずれる感じで全員が車の陰に隠れた。

「近所の不良じゃない?」「なんか物色してたんじゃね?」「車上ドロとかマジかよ!」

フジワラさんが大慌てで自分の車に駆け戻る。孝さんたちはその後を追いかけた。

「……逃げ足が早いヤツらだ」

姿が見えなくなった少年たちに向かってフジワラさんはそう毒づき、急いで車をチェックしだした。孝さんも自分の車を調べた。幸い、車はどちらも荒らされているようすはなかった。

フジワラさんの車の窓という窓に、子供の手の跡がついていたことを除いては。

湿り気を帯びた掌を、ぺったりとガラスに押し当てた跡が何十とある。それを見てフジワラさんが悪態をつくと、女の子たちが「これで拭きなよ」とポケットティッシュを差し出した。「サンキュ」と車の窓ガラスを拭きはじめたフジワラさんだったが。

「いきなり、ギャッと叫んで後ろに飛びのいて、尻餅つきそうになったんです。で、どうした？　って訊いたら、ぜ、ぜ、ぜんぶ、内側からついてるっ！　って……」

窓ガラスに付着した掌紋は、すべて車の中からつけられていた。


そこから引き返すことも出来たはずだが、孝さんたちはそうしなかった。

「今思えば、あのときなんで引き返さなかったのかわかりません。ただ、まだ散在ガ池のところまでは、怖がりながらノリで大騒ぎできる感じで、女の子たちがキャーキャーいうのも楽しいっていうか……。あと、散在ガ池から国道二十一号線って道に出たとき、右に行けば藤沢《ふじさわ》に引き返す道なんですけど、そっちに行くとせっかくのドライブなのに海沿いを走れなくなっちゃうって理由もありました」

なるべく幹線道路を選んでいく比較的安全な道順であり、昼間なら、名刹《めいさつ》の多い北鎌倉界隈、鶴岡八幡宮、長谷寺《はせでら》、由比ガ浜などこの辺りの名所も網羅できる素敵な観光ルートだと思うが、夜は観光名所はどこも閉まっている。また、走りはじめたが最後、途中で引き返すのが非常に面倒なことになる道筋でもある。

「若さってバカさだとつくづく思います」と孝さんは苦笑いする。

フジワラさんの車が先に立ち、孝さんがすぐ後ろにくっついて車を走らせ、二台は小坪トンネルを目指した。いよいよ目前に近づいたとき、「ホントに行く?」とフジワラさんがトランシーバーで話しかけてきた。「行かないと帰れないよ」と孝さんは応答した。

藤沢を出発してから一時間以上が経過している。たまにトラックが通るぐらいで、行き交う車は乏しく、辺りに人影も無い。夜の闇の中でもいっそう黒々とした雑木林がトンネルの上にのしかかっている——あの樹々の奥に火葬場があるのだ、と、孝さんは思った。

ちなみに一口に「心霊スポット《小坪トンネル》」と言い表されることが多いが、実際は県道三一一号線上にある近接し合った六本のトンネル群であって、逗子《ずし》から鎌倉へ行くときは新小坪トンネル・新逗子トンネル・新名越《しんなごし》トンネルを通り抜けることになり、逆に孝さんたちのように鎌倉から逗子に向かうときは、名越トンネル・逗子トンネル・小坪トンネルの順で通ることになる。

そして、幽霊の目撃談や交通事故が多いのが、名越トンネルと小坪トンネルだといわれている。鎌倉市ゆかりの文豪、川端康成《かわばたやすなり》は、小説『無言』でこんな一説を書いている。

《鎌倉から逗子へ車でゆくのには、トンネルを抜けるが、あまり気持ちのいい道ではない。トンネルの手前に火葬場があって、近頃は幽霊が出るという噂もある。夜なかに火葬場の下を通る車に、若い女の幽霊が乗って来るというのだ。》

ついにフジワラさんと孝さんの車は、最後の小坪トンネルに突入した。先導するフジワラさんの車がトンネルの入り口から三分の一ぐらいまで進んだときだった。

「避けた方がよくない？」とフジワラさんがトランシーバーで話しかけてきた。

「何を避けるの？」

「後ろから救急車が来てるだろ？　ピーポピーポ聞こえる」

孝さんは不思議に思いながら応えた。

「なんにも来てないよ」

その途端、フジワラさんの車が急加速した。猛スピードでトンネルから飛び出していくので、一瞬、呆気に取られたが、すぐに我に返って追い掛けた。

県道を百メートルも先に行ったところで追いつくと、フジワラさんが車を停めて降りてきた。孝さんも停車すると、近づいてきてトンネルの中で何があったか話してくれた。

二人はトランシーバーを交信状態にしたまま走っていた。フジワラさんによると、小坪トンネルに入るとすぐ、トランシーバー越しに救急車のサイレンが聞こえてきた。路肩に寄って救急車を通してあげた方がいいと彼は思ったが、孝さんから「なんにも来てない」と返答があった途端、サイレンが後続の孝さんの車を突き抜けたかのように真後ろに迫ってきたので、必死でアクセルを踏んで逃げだしたのだという。

その後、孝さんたちは大急ぎで帰宅した。

別れた旦那

別れた旦那にストーカーされた話をします。

完全に終わったのは一昨年の夏です。離婚したのが二〇一三年の三月だから、まる二年以上、つきまとわれていたことになります。

私は三・一一のとき宮城県で被災して、避難所でボランティアをしていた旦那と知り合いました。知り合ってすぐ付き合い始めて、半年後に入籍してしまったんですが、結婚を急いだのは、正直なことをいうと、お金に困っていたせいや、父の持病が震災後に急に悪化したせいもありました。

結局、父はまだ六十歳だったのに、被災から一年後に東京都内の病院で亡くなってしまいましたけれど。

旦那を頼って父を連れて上京して、こっちで入籍して。

父の入院の手続きから何から何まで彼がやってくれて。

当時は、神さまみたいな人だと思って、旦那に対しては感謝しかありませんでした。結婚したとき私は二十三で旦那は三十八。歳は離れていましたが、その頃は本当に好きでした。出逢った頃から彼にはよく色んなことで注意されていましたけど、最初のうちは言葉遣いが優しかったから、教えてもらってると感じて、苦にもならなかったです。旦那が変わったのは、父のお葬式の直後からです。だんだん、言葉づかいや仕草まで厳しくいうようになって、服装や髪型や化粧も気に入らないみたいになって。

私が仕事を探そうとすると、おまえに何が出来るんだって。私が出た大学をけなして、Fラン大卒のバカともいわれました。それは事実かもしれないけど、働かないと生活費が……。ええ、父が死んでからは生活費をくれなくなって。何度もしつこくお願いして、ようやっと一万円札を投げて寄越すような感じでした。

お舅さんが会社を経営していて、旦那はそこの役員でいいお給料を貰ってたし、そのほかに生前贈与された家を貸してる家賃収入もあって、同世代の平均収入の倍以上、稼いでたんですよ?

暴力も、少しずつ始まって……。でも、助けてもらった恩があるし、旦那に比べて学歴が低くて頭が悪いのは事実だから、少しぐらいどつかれても我慢してました。私がもっとちゃんとすれば、元の優しい人に戻ってくれるんじゃないかっていう期待もあって。

けれども、年末に大掃除していたときに、廊下を雑巾がけしてたら後ろから蹴られて、顔を床に打ちつけて、前歯が二本、ほとんど根本から欠けてしまったんです。

とにかく痛かったたし、折れた歯を見て凄いショックを受けてもいたんですけど、そのとき彼は私を労わるどころか、歯が欠けた顔を見て、不細工になったなぁって嗤いました。そして私が怒って抗議したら、グーで殴ってきたんです。もっと不細工にしてやるよっていいながら。

私、殴られました。何十発も。失神するまで。

――偶然お姑さんが訪ねてきて、助けられました。

私の怪我は本当にひどくて、顔や口の中を何十針も縫ったり、指や顎《あご》の骨を骨折していたりして、打撲や内出血も物凄かったんです。お医者さんから、これは傷害罪が成立する犯罪だから警察に通報した方がいいといわれて、目が覚めました。

――途中を端折《はしょ》りますが、結果的には治療費とまとまった慰謝料を一括で貰って、離婚が成立しました。

旦那は最後まで、別れたら自殺するといって抵抗しましたが、お姑さんたちが、息子を犯罪者にしたくなかったからか、弁護士さんと一緒になって彼を説得してくれて。

その頃、同郷の友人と偶然こっちで再会して、仕事が見つかるまでの間、アパートに居候させてもらえることになりました。

でも、なぜかたちまち元旦那に居場所を突き止められてしまいまして。

花束がドアの前に置かれていただけですが、彼からだとピンときました。

そして私が部屋に入ると、すぐにチャイムを鳴らしてきて、無視してると、ドアを乱暴にノックしながら、僕だよって……。

会ってくれないと自殺するからって、脅したんですよ。

それから二年間、逃げたり見つかったりを繰り返して、苦労しました。

私は、元旦那が、自殺すると脅してくるたびに、死ねばって返事してたんですよ。

だけど、まさか離婚から間もなく、本当に電車に飛び込んで自殺してたなんて……。

一昨年のお盆の頃、元お姑さんに電話したんですよ。元旦那が買ってくれたお墓に父の遺骨が入っているのが厭で、いつかなんとかしなければいけないと思っていたので、お盆だし、ようやく定収入が得られるようになっていたから、相談してみようと思って。

そのとき元お姑さんに聞かされて、彼が二年も前に自殺していることを知りました。

そういえば、元旦那が置いていった花束は、お墓にお供えする菊の花束でした。悪趣味な嫌がらせだと思って、すぐに生ゴミと一緒に捨ててしまいましたが。

彼が死んでいることを知ったその日から、ストーカーはピタリと止みました。

元旦那の墓参り？　行くわけないじゃありませんか。

祖母の力

私の夫の祖母は霊感が強く、日頃から不可思議なものをよく見たという。一緒に暮らす家族も祖母に感化され、霊や此《こ》の世に有り得べからざる怪異の話に違和感を覚えなかったようである。祖父が若く病死して、祖母が一族の長として長く君臨したことから、彼女が一家に対して感化する力が強まったものと思える。

中でも夫は、祖母の指示で親きょうだいと引き離されて、何年間も祖母と二人だけで暮らしていたこともあるから、誰よりも深く影響を受けているようだ。

両親と離れて祖母と生活した経験は、その時期、貧困が原因する劣等感に苛まれたことから、夫にとって心の傷になっているようである一方、祖母の能力に驚嘆し、尊敬の念を持って彼女を見ていたことも、思い出話の数々から感じ取れるのだ。

そのため、夫が祖母について語るとき、ユング心理学のグレート・マザー――子供を慈しみ育む力である一方、子供を押さえつけ飲み込み破滅させる怪物――を私はどうしても連想してしまうのだが、素人の分析はここまでとして、ここからは夫の体験談を記したいと思う。

昭和四十六年頃、一家は奈良県に暮らしていた。その頃、夫は小学校の低学年だったが、家の前に空き地があったこと、空き地の向こうには雑木林に覆われた丘陵が見えていたことなど、その頃見ていた景色を今でもはっきりと記憶しているという。

一家の家は二階建ての一戸建てで、祖母の部屋は一階にあった。祖母の部屋からは、家の向かい側の丘陵と、その山裾に肩を寄せ合って建っている数軒の家が臨《のぞ》めた。

ある朝、家族全員で朝食を食べているときに、祖母がいった。

「昨日の夜、十時半頃に、金田《かねだ》さんのうちの二階から人魂が飛び出してくるのが見えたよ。光りながらシューーッと飛んでいった」

金田さんの家は、祖母の部屋から眺められる、丘のふもとの数軒のうちの一軒だ。

夫はそれから小学校へ登校し、母は洗いものを片付けると買い物に出るついでに、近所の主婦の井戸端会議に加わった。そこで夫の母は金田家の訃報を知った。

「金田さんのご長男が自殺してしまったそうよ。二階の子供部屋で、いつもみたいに受験勉強をしていると思ってたら、首を吊って亡くなっていたんですって。かわいそうに。死んだのは、ちょうど、おばあちゃんが人魂を見た時刻だったらしいわ」

夕食の一家団欒の席で、母がそう話すと、祖母は得心がいったという表情を見せた。

「なるほど。若い人のだから、人魂に勢いがあったんだね。普通の人魂は、フラフラ頼りない、弱々しい動き方をするものなんだ。昨夜の人魂は、活《い》きがよくて素早かった」

その後、夫が小学校五年生のときに、祖母の命令で、夫だけ両親や弟と別れて祖母と二人で暮らすことになった。

祖母は東大阪市鷹殿《たかどの》町の川のほとりに、小さな二階家を買った。

家の前を流れているのは豊浦川《とようらがわ》という小川で、近くにある恩智川《おんちがわ》というもっと大きな川の支流だった。近鉄奈良線の瓢箪山《ひょうたんやま》駅が最寄りの駅で、周辺に幼小中高合わせて六、七校が集中する文教地区であり、現在は住宅が密集しているが、夫が住んでいた頃は、天然の池や林があって、今より鄙《ひな》びた所だったらしい。

とある土曜日の昼食時、夫と祖母が、テレビで《吉本新喜劇》を見ながらチャーハンを食べていると、急に祖母が席を立って、トイレの方へ行った。

トイレのドアが大きく開いて、食事をしているところから便器が見えてしまっていたから、ドアを閉めに行ったのかと思ったが、違った。

祖母はトイレの窓を開けて外を覗き、首を傾げている。かと思ったら、次に、勝手口のドアを開けて、つっかけを履いて裏庭に出て行ってしまった。

《吉本新喜劇》も食事も途中である。祖母が戻ってくると、夫は「どうしたの？」と訊ねた。

「トイレの小窓の外を誰かの頭が横切ったんだよ。だけど、外の地面からあの窓まで二メートルもあるじゃないか。よほどの大男か肩車した人でもなければ、窓の高さに頭が届かないだろう？　大男が家の周りをウロウロしてたら大変だと思って、勝手口から出て、家の裏や脇をグルッと見てみたんだよ。でも誰もいなかった。うちの裏は、トイレの窓の向こう側の辺も、前庭の両横まで、ずうっと高い塀があるじゃないか？　そんなすぐに逃げられるわけがないんだから、あれは人じゃあなかったんだね」

その日の夕方、四時頃に、四国に住む祖母の弟の連れ合いから、祖母に電話が掛かってきた。娘が死んだと知らせる電話だった。まだ三十手前の若さだったが、癌に冒され、しばらく前から入院していた。祖母にとっては姪であり、祖母は四国まで度々彼女を見舞っていた。とうとう亡くなったと聞いて、悲しみながら祖母はいった。

「ちょうど私たちがお昼ご飯を食べている頃に亡くなったそうだよ。私に今生の挨拶をしに来たんだねぇ」

それから数ヶ月して、祖母はこの家を売り払って引っ越したいといいはじめた。

その矢先に、母と娘だと名乗る、老女と中年女性の二人組が突然、家を訪ねてきて、夢のお告げでこの家を買うようにいわれたから売ってほしいと話した。

売家の看板を立てたわけでもなく、まだ不動産屋に相談すらしていなかった。また、当時は川べりの田舎町で便利がいいわけでもないこんな所に好んで住みたがる人が多いとも思えない。ましてや「夢のお告げ」が訪ねあててきた理由である。

如何《いか》にも不審だったが、この話を祖母は平然と受けとめ、「いつ来ますか?」と二人に訊ねた。

すると、「二階が空いているなら、明日から越してきていいですか?」といわれ、これにも祖母は少しも動じず、「どうぞ」と応えた。

翌日、老女と中年女性は、中年女性の娘だという十八、九の若い娘を伴ってきて、家の二階に荷物を運び入れた。

夢のお告げで住むようにいわれたからという理由で、祖母・母・娘の三代の女が、家の二階にいきなり引っ越してきたのである。

夫は非常に不安を感じたが、祖母は当然至極という表情で三人を迎えた。

夜になり、二階に住み始めた三人は、早々に床に就いたようだった。

夫と祖母と、たまたまその日、遊びにきてそのまま泊まることになった夫の伯母は、一階の仏間に布団を敷いて川の字になって寝た。

夫はなかなか寝つけなかった。ようやく眠ったと思ったら、午前二時頃、凄まじい唸《うな》り声で目を覚まされた。

唸っていたのは祖母だった。仏壇に供えてあった蜜柑《みかん》を右手になぜか握りしめて、布団に仰向けに寝たまま、顔を脂汗で濡らし、苦悶して唸り声を発している。

伯母も目を覚まし、祖母の肩を揺すって起こしにかかった――ひどく苦しみながら、祖母は眠っていたのだ。

ややあって、祖母はぱっちりと目を開いた。

「ああ、助かった。寝たまま火に取り囲まれて、逃げたくても金縛りにあって逃げられなくなった。このままでは焼き殺されてしまうと思って、必死で『じいちゃん助けて』と叫んだら火が消えて、金縛りも解けた」

祖母はこう話し、夫と伯母と祖母の三人はあらためて寝直したのだった。

夜が明けて朝になると、二階の女たちが揃って黒い着物を着てぞろぞろと階段を下りてきた。何事かと思えば、老女の連れ合いが亡くなったのだという。

「うちの当主が昨夜午前二時頃に亡くなったので、葬式をあげるために一旦、帰ります」

喪服の女三人が出てゆくのを、夫は呆気に取られて見送った。

二時頃といえば、祖母が火に囲まれる悪夢を見て、金縛りにあい、うなされていた時間である。偶然とは思えない符牒《ふちょう》を不思議に感じていたところ、二日後、女たちに届いた郵便物を二階に届けにいった祖母から、こんな話を聞いた。

「あの人たちの部屋の真ん中に、真っ赤なお不動さまの像が立っていたよ。私は不動明王を信じる一族の当主に危うく呪い殺されるところだった。仏さまに助けられて私は無事だったが、呪いが跳ね返って、向こうの当主が死ぬはめになった」

それから間もなく、祖母は二階の女たちに家を売り渡した。

そして夫は祖母に連れられて引っ越すことになったのだが、そのときは、黒い喪服の女たちが家の前に並んで、祖母に向かって、揃って頭を下げたのだという。夫は何度も振り返ったが、遠ざかって見えなくなるまで、三人の女は深々とお辞儀したままで面を上げることはなかったそうだ。

金色の紙

大乗仏教の経典『無量寿経《むりょうじゅきょう》』には、こんな記述がある。

《仏様は人間と異なる三十二の相を備えており、その一つに『金色相《こんじきそう》』というのがある。これは仏様の外観が金色をしていることを指している。》（岡本匡房《おかもとまさふさ》著『エピソードで綴る日本黄金史 古代～安土・桃山時代』より）

これが金箔《きんぱく》を張ったり金メッキにしたりして、仏像の肌を金色にした由縁だという。

また、仏教が強く信仰されていた中国の一地域には、かつて、高僧の即身仏など人間のミイラに金メッキを施す伝統があった。金で塗装することには、絢爛《けんらん》とした見た目を作るばかりではなく、腐敗を防いで形を保つ効果があるそうだ。

松村千恵美《まつむらちえみ》さんのお母さんには、徹子さんという親友がいた。

徹子《てつこ》さんと千恵美さんの母は同い年で、高校生のときから付き合いがある。家も近く、長年、家族ぐるみで親しくしてきたが、母と徹子さんが共に四十六歳になったとき、徹子さんが癌《がん》に罹《かか》った。

残念なことに発見が遅れ、治療は容易ではなかった。徹子さんは入退院を繰り返し、闘病生活は何年にも及んだ。

しかし癌には、症状が落ち着いて安定した状態になる寛解期《かんかいき》というものがある。再び悪化してしまう場合もあるのだが、少なくともこの期間は症状が軽くなったり消えたりし、患者が元の生活に戻れる場合が多い。

徹子さんにも寛解期が訪れた。

元気に日常生活が送れるようになり、以前のように母とお互いの家を行き来しはじめて、このまま完治するのではないかと、千恵美さん含め、周囲の誰もが期待した。

そんなとき、ある日、当時学生だった千恵美さんが、通っていた大学の講義がたまたま休講で、午後の早い時間に帰宅すると、母と徹子さんがまたいつものようにリビング・ルームのソファで歓談していた。

徹子さんは千恵美さんを見て、「ちょっといらっしゃい」と手招きをした。

「不思議な話を聞かせてあげる」

母は、すでにその話を聞いたことがあるようで、徹子さんが語る間、いちども口を挟まなかった。

千恵美さんがソファに腰を落ち着けると、徹子さんはおもむろに話しはじめた。

「こないだ私が入院していたとき、とても具合が悪い時期があったことは知っているでしょう？　あの頃は朝から晩まで苦しくて、眠れるのは、あまりの辛さに意識が途切れて気を失うか、麻酔が効いているときだけだった。毎日その調子だから、じきに、私はもうすぐ死んでしまうのに違いないと思うようになったの。

そんなある日の夜、散々苦しんだ挙句、薬で眠らせてもらって……もう死んじゃうのかもしれないけど、これでようやっとラクになれると思ったのよ。

なのに、いくらもしないうちに、ガサゴソいう物音で起きてしまって、目を開いたら、真下に私が寝てるじゃない！

驚いたことに、私は宙に浮いてたの。そして病院のベッドに寝ているもう一人の私を見下ろしてた。さらにビックリしたことには、ベッドにいる私のそばに七、八歳ぐらいの小さな子供が二人いて、カーペットみたいに大きな金色の紙をあーでもないこーでもないして、私を包もうとしてたのよ。

さっきガサゴソいってたのは、この金色の紙が立てる音だったわけ。

子供はどちらも男の子で、平安時代か、それよりもっと昔の格好みたいな不思議な装束で、なぜか裸足《はだし》で、そして二人ともとても可愛いお顔をしていたわ。

小学生ぐらいの年頃だけど、なんというか《善財童子《ぜんざいどうじ》》みたいな雰囲気なのよ。物凄く古めかしい格好をしてるし、浮世離れしてるし。子供じゃなく童子と呼びたいような感じ。

私は話しかけようとしたんだけど、どうしても声が出せないの。動くことも出来ない。それに、ベッドの真上に浮かんでいるのに、童子たちは私にちっとも気づかないの。すごく作業に集中していて、一所懸命、寝ている私を金色の紙で包もうとしていて……。

それがもう、イライラするほど不器用なのよ！　幼い子たちだから仕方がないと思って眺めてたけど、もう、見ていられなくて、手伝いたくなるぐらい。

せっかくの綺麗な金色の紙も、グチャグチャのビリビリにしちゃうし。

私の体も、あちこち曲げたり伸ばしたり引っ繰り返したり……あんな扱いをされて、よくまあ眠っていられるもんだと自分で自分に呆れたわよ。

おまけに童子たちときたら、作業しながら、ひっきりなしにお喋りしてるの。それが、なぜか、格好は昔風なのに、言葉は今時の子と同じ。『持ちあげてていったのに、急に離すから、また破れちゃったじゃないか』とか『おまえがノロノロしてたせいだぞ』とか喧嘩したかと思うと、『あと少し！』『もうちょっとだから頑張ろう』って励まし合ったり。

思い出すと、微笑ましいやら可笑しいやら、よ。

結局、だいぶ時間がかかったけど、やがて私は頭の天辺から足の爪先までミイラみたいにしっかりと包まれたわ——片腕だけ残して。

それを見て、童子たちはショックを受けたみたいだった。

『ああっ！　紙が足りない！』『まだ右腕を包んでないから、これじゃダメじゃん！』

私は、童子が『ダメじゃん』と叫んだ途端にベッドの上で目が覚めて、今のは夢だったんだとわかったの。そして、すぐに、体がすっかりラクになってることに気がついた。完全に包まれていたら、私はたぶん死んでたのよ。右腕一本分の寿命がまだ残されていたから、こうして生きていられるんだわ」

それから三年後、再発した癌が悪化して、徹子さんは亡くなった。

最近、千恵美さんは徹子さんの享年を越えた。千恵美さんの母親は歳は取ったがまだ元気で、今でもたまに、徹子さんと金色の紙の童子たちの話を楽しそうにするのだという。

霧

今から七年ほど前のことだという。

当時、南青山《みなみあおやま》の実家住まいだった香奈江さんは、週に二日か三日、西麻布《にしあざぶ》の飲食店でアルバイトをしていた。

「首都高三号線沿いにあったお店で、夜はバー営業をしていました。家からごく近かったので、お酒を飲まないことと寄り道しないことを条件に、そこで深夜にバイトすることを両親に許してもらったんですよ」

香奈江《かなえ》さんは三人きょうだいの末っ子で、その頃はまだ大学生。両親は心配し、先に述べたような約束に付け加えて、アルバイトの行き帰りには出来るだけ自転車を使うようにと彼女に言い含めた。

自宅と首都高三号線を繋ぐのは、外苑西通りから一筋奥まった狭い路地で、昔は霞町《かすみ》と呼ばれた辺である。霧が発生しやすいことからついた地名だったそうだが、今では港区西麻布二丁目の一画に区分されている。

「閉店の時刻は夜の十一時半でしたが、後片付けがあるので、店を出るのはいつも十二時ぐらいになりました。親は、酔っ払いに絡まれても自転車なら走って逃げられると考えたみたいです。考えすぎだと思いましたけど、高校卒業以来めったに自転車に乗ることがなくなっていたので、自転車で通うのは、ちょっと楽しかったです」

二〇一〇年の三月から働きはじめると、香奈江さんは、アルバイトの帰り道で、たびたび霧に出くわすことに気がついた。

首都高から路地に入ったあたりから、急に目の前に白く靄《もや》がかかって、次第に濃い霧に全身が包まれる。きまって路地を自転車で走っているときに遭うのだった。

「真夜中に、視界が悪いなかを自転車で走るのは少し怖くもありましたが、神秘的な感じがしました。霞町っていわれてただけのことはあるって、最初は妙に感心したんですが、店長や他にスタッフは、このあたりで霧なんか見たことないって口を揃えていうんですよ。でも両親に話すと、あそこらへんは昔からしょちゅう霧が出てたんだっていうし……。だから、よくわからないけど、地形の関係か何かで、ゲリラ豪雨みたいに超局地的に霧が発生することもあるのかなぁって思ってました」

香奈江さんのご両親は、二〇一七年現在、揃って六十代前半で、生まれも育ちもこの界隈。

かつて東京は夜霧の都だった。一九五〇年頃までは年間四〇日前後、六〇～七〇年代になっても年間三〇日は霧が発生していた。しかし二〇〇〇年代に入ってからは十日に満たなくなっている。地形的に霧が発生しやすい場合もあるが、大気汚染の減少とヒートアイランド現象が、東京から霧が消えた主な原因だといわれている。

彼女のご両親は、昭和時代の霧にかすんだ夜景を、今も鮮明に記憶しているのだと思う。

六月半ばの火曜日、またいつものように香奈江さんは店からの帰り道に霧に遭った。

路地に入るとすぐに大気が濁ってきて、路地沿いにポツリポツリと並ぶ街灯の明かりが滲《にじ》みはじめた。香奈江さんは自転車のペダルを踏む速度を緩めた。ゆっくり走らせるうちに、やがて真っ白な濃霧に自転車ごとすっぽりと没してしまった。

「前の日は朝から晩まで雨が降っていたんですが、この日のお昼間から晴れてきて、日中はずっと蒸し暑かったんです。夜はだいぶ気温が下がっていたと思いますけど、それにしても霧の中に入り込んだときからグッと空気が冷たくなって、道の真ん中頃かな……前の方に工事現場が見えてきたら、また一段と寒ぅい感じに……体じゅう鳥肌が立つぐらい」

奥歯がカチカチ鳴るほど冷えてきたうえに、霧もまた、いつにも増して濃密になり、これは只事ではないと香奈江さんは思ったそうだ。

「高校生の頃に観た『ザ・フォッグ』ってホラー映画を思い出しました。町が停電になって凄く濃い霧に包まれて、住民が霧に襲われたり、霧の中から幽霊が出てきたりする映画なんですよ。そのときちょうど、ビルを解体している工事現場の横に差し掛かって、建設会社が立てた塀が霧の向こうに見えたんですけど、その塀の前に誰かいるような気がして、『ザ・フォッグ』の幽霊みたいに襲ってくるんじゃないかって、馬鹿みたいな想像をしてしまいました」

香奈江さんは怖くなってスピードを上げようとした。が、途端に自転車のチェーンが外れてしまった。

泣きたい気持ちで自転車を下り、工事現場の二軒隣にあるコンビニエンスストアを目指して急いで押していく。

「コンビニが唯一の救いでした。親には寄り道するなっていわれてたけど、内緒でこのコンビニに立ち寄ったことが前にもありました。特に、霧が出たとき。霧に包まれながら自転車を漕いでいると疲れちゃって、途中、休みたくなるんです」

チェーンが外れた自転車は押しづらい。霧の中でずるずると自転車を引き摺《ず》って進む香奈江さんだったが。

「気がついたら顔といい手といい、水が筋になって流れるぐらい濡れていました。髪もべったり……。でも、汗じゃありません。だって真冬みたいに寒かったんですから。水でした。いつの間にか、冷たい水を頭からかぶったみたいになってたんです」

ようやくコンビニに辿りつき、自転車を置いて、店内に入った。ガラス越しに恐る恐る外を見ると、急速に霧が晴れていくのが見えた。

「霧がサーッと薄くなって、消える寸前、人の形をした白い煙の塊《かたまり》みたいなのが残って、私の方を向いてるみたいだったので、思わず悲鳴をあげて、店員さんにヘンな顔をされちゃいました」

飲み物とお菓子を買い、おっかなびっくり外に出てみたときには、霧はすっかり消えていたという。

その後、香奈江さんは、夜はこの路地を通ることを避けるようになったが、明るいうちは平気だったので、行きは今までと同じ道を使ってアルバイトを続けた。

一週間後の午後六時頃、いつものように路地を自転車で走り抜けようとすると、何やら前方に人だかりがしており、パトカーが停まっていた。

近づいてみて、あの工事現場で何かあったことがわかった。青いビニールシートが張りめぐらされ、立ち入り禁止の黄色いテープも見える。

何があったのか気にはなったが、遅刻してはいけないので、そのまま通り過ぎた。

「ラストオーダーの頃だったから十時半前後だと思うんですが、店長から、今日の午後、あそこで死体が発見されて、今ニュースになってるって聞かされて、びっくりしました」

《二十二日午後三時四十五分ごろ、東京都港区西麻布にあるマンションの解体工事現場で、作業員から「がれきを重機でかき出していたら、死体の一部が見えた」と一一〇番があった。（略）見つかったのは左手と両足、胴体部分。死後かなりの時間が経過しており、性別は不明という。頭部などは見つかっていない。（略）三月中旬から五階建てマンションの解体が続いており、二十二日は一階と地下一階のがれき除去作業をしていた。》

——二〇一〇年六月二十二日付『共同通信』より

遺体は男性のもので、地下の貯水槽の中から発見され、のちに同じ場所から頭部も見つかった。さてはバラバラ殺人事件かと一時は噂されたが、検屍の結果、腱などが腐り、水の中で自然に部位ごとに千切《ちぎ》れたことがわかった。だいぶ長く漬かっていたとみえる。

その後、あの路地で香奈江さんが霧に遭遇することはなくなった。

卒業旅行

　高校三年の三学期、東京都品川区在住の石田隼人《いしだはやと》さんと親友の柿本真吾《かきもとしんご》さんは、揃って大学に推薦入学が決まった。

「揃って」といっても進学先は別々である。二〇〇八年の春、隼人さんは京都府内の大学へ、真吾さんは都内の大学へ、それぞれ進むことになったのだった。

　二人は六、七歳の頃から付き合いがあり、幼馴染といってもいい間柄。別れの春を迎えるにあたり、京都まで自転車で旅をする計画を立てた。

　サイクリングで京都に行き、京都では、隼人さんが今後下宿することになる彼の親戚の家に泊まる。そこで隼人さんは旅を終え、真吾さんは独りで東京へ戻る。二、三日は京都観光をするとして、全体で十日間ぐらいと見込み、あえてきっちりと日程を組むことをせず、いざとなったら野宿もいとわない覚悟で準備を整えて出発する——。

　隼人さんは、こう語る。

「僕もシンゴも、それらしい反抗期も無いような真面目な方で、派手な遊びは全然してこなかったし、修学旅行みたいな学校行事を除けば家族以外と旅行したこともなかったんです。だから出発前はすごく興奮して、冒険だーって二人で盛り上がってたんですけど、今思うとサイクリングを舐めてましたね。一応、サイクル・ツーリングのガイドブックを買って、しっかり用意していったつもりでした。シンゴは旅のアルバムを作るんだといって、そのためにわざわざデジタルカメラを買いました。でもね、装備はともかく、体力の方が準備不足というか運動不足で。若いくせにだらしないと思われるでしょうが、たった一日自転車を漕いだだけで、二日目の朝になると、もう朝起きるのがつらくてつらくて」

当初、二人は、三日目か遅くとも四日目の夜までには、京都に到着するつもりだった。しかし結局、随所で休憩を取りながら行くことになり、到着まで丸五日間かかった。

それでも、一日平均で百キロ以上も走ったのだという。

三月五日に品川を出発して、まずは小田原《おだわら》へ行き、熱海《あたみ》経由で箱根《はこね》の山を迂回して、沼津《ぬまづ》、静岡《しずおか》、焼津《やいづ》、浜松《はままつ》と、海辺の街を走り抜けて、名古屋《なごや》から滋賀《しが》県へ。滋賀県では琵琶湖《びわこ》の湖畔でまる一日休み、京都入りしたのは三月十日の夕暮れ時だったという。

総走行距離にして約五一〇キロの旅だ。

「シンゴは朝、滋賀県を出発した直後に、派手に前のめりにコケたから満身創痍《まんしんそうい》でした。僕も、京都の伯父の家まで辿りついたときにはへとへとで、これでようやく休めると思ってホッとしたら、門の前で地面にへたりこみそうになりましたよ。だから、シンゴが急に、今から自分は東京へ引き返すといったときには、ものすごくビックリしました」

今回の旅の主眼はたしかにサイクリングではあったが、隼人さんもシンゴさんも、京都の街を見てまわることも、出立前から楽しみにしていたのだ。

だいいちこんなにくたびれているのに、今日これからまた自転車に乗るだなんて、無茶にもほどがある。

隼人さんは引き留めたが、友の決意は揺るがなかった。

「やっぱり無理だ」とシンゴさんは残念そうにいったのだという。

「伯父の家の目の前で立ち止まって、門の中に入ろうとしないんです。あらためて見ればシンゴは顔が真っ青というか土気色だし、なんだか目の焦点が合ってないみたいな感じだし、表情もぼんやりしていて、明らかに体の具合が悪そうでした。だから、転んだとき打ちどころが悪かったのかもしれないと思って、すぐ病院に行こうと僕はいいました」

しかしシンゴさんは、いつになく頑なに、「帰る」の一点張りだった。

「あまりにも頑固で、態度がおかしかったから、何か嫌われるようなことをしたのかもしれないとも思いました。でもシンゴは、そうじゃない、どうしても帰らせてくれって……。理由を訊いても教えてくれないんです。なんでだよ？　って責めてるうちに、疲れて気が立っていたせいもあり、カッとなって、勝手にしろと怒鳴《どな》ってしまいました」

すると、シンゴさんは無言で自転車にまたがり、後も見ずに走り去ったのだという。

「待てよって叫んだんですけど、聞いてくれませんでした。追いかけようとしましたが、シンゴの自転車は嘘みたいに速くて、全然追いつけませんでした」

その後、隼人さんは伯父の家のインターフォンを鳴らした。すぐに伯父と伯母が表に飛び出してきた。二人とも、顔つきがこわばっていて、態度がおかしい。

「どうしたのかと訊ねたら、伯父が、『柿本くんが、滋賀県の路上で倒れているところを発見された』って。大津の病院に運び込まれて集中治療室にいるっていうんですよ。

今までずっとシンゴと一緒にいたのに何をいってるのかと、僕は最初、笑っちゃいました」

隼人さんは、すぐに真吾さんのスマホに電話をかけたが、つながらなかった。

伯父によれば、真吾さんは、朝九時頃、滋賀県大津《おおつ》市の道路脇で倒れているところを通行人に発見され、搬送先の病院で心肺停止が確認されて、現在、心臓蘇生が行われている最中だという。

隼人さんは疲れた体に鞭打って、真吾さんが治療を受けている病院に駆けつけた。病院に到着してみると、そこにはすでに真吾さんの両親やきょうだいが来ていた。

彼らの顔を見て、隼人さんは不安に押しつぶされそうになった。

「シンゴは、倒れたままだったのか？　そうだとしたら僕はシンゴを見捨てて走り去ったということになると思いました。一緒に京都まで来たと思っていたけれど、どう説明したって、わかってもらえるわけがないでしょう？」

しかし隼人さんは、親友の家族に対して、何も弁明する必要がなかったという。

「シンゴのうちのおばさんが、シンゴが持っていたデジタルカメラを見せてくれました。出発から到着間際までに撮影した写真のデータが入っていて、もうすぐ滋賀から京都に入るっていうあたりで撮った大文字山《だいもんじ》や、京都で立ち寄ったコンビニの前で僕を撮った写真もありました。……シンゴは、倒れてからあとも、僕と旅を続けてたんですよ」

真吾さんは、翌日の早朝、帰らぬ人となった。死因は、おそらく自転車のハンドルで胸を強く打ったことによる心臓震盪《しんとう》だろうということだった。

隼人さんの目の前で、シンゴさんは路石を前輪で踏んで酷い転び方をした。発見されたのは、その場所から五十メートルほど先だった。心臓震盪は心臓部に衝撃を受けることで起こり、即死してしまう場合が少なくない。しかし衝撃を被った直後に短時間、普通に体が動かせていたという例も幾つも報告されているという。

「僕は、大学の入学式の前日に、シンゴが倒れた場所を探しに行きました。たぶんここだろうという所を見つけて、持って行った花束を供えて合掌したんですよ。そうしないうちは、進学できない気分でした。僕は、彼をすぐに病院に連れていかなかったことや、そもそも自転車旅行をしたことを後悔していました。いいだしっぺは僕でしたから。悔やんでも悔やみきれません。でも、手を合わせて目をつぶったときでしたが、あいつの声がしたんです。慌ててあたりを見回したんだけど、姿は見えなくて、声だけ。でも、僕の真ん前の、手を伸ばせば届きそうな所に立ってるとしか思えませんでした」

さようなら、と、シンゴさんは彼に告げたそうである。

そのとき隼人さんは、最後に真吾さんが自転車で走り去っていったとき、お互いに別れの言葉を交わしていなかったことに気がついた。

そこに思い至った途端、涙が溢れてきたのだという。真吾さんが亡くなってから初めて流した涙であった。

隣家の犬

佐藤大翔《さとうひろと》さんは、二〇一七年現在、中学一年生。

小学校を卒業するのとほぼ同時に、群馬県吾妻郡《ぐんまあがつま》の某町から東京都に引っ越してきた。

群馬県吾妻郡には私はわけあって馴染みがあるので、話が合わせやすかった。ことに某町には何度も足を運んだことがある。標高が千メートルを越す山間部の過疎の集落だったが、近年、エコツアーやジオパークで観光客を呼び込み、若い住人が増えたと聞く。

「群馬にいたのは小三から小六までで、また父が出向することになったせいです。それまでは、母と僕だけ東京に住んでました」

詳しいことは書けないが大翔さんの父君がいる業界では、出向や転籍を繰り返す人が多いようだ。父親は大翔さんが小一から小三までの間は単身赴任しており、中学生になる頃に再び東京に戻ってきたのは系列会社に転籍したからだそうだ。

「群馬に行く前に父と母は凄い喧嘩をして、向こうに行ってからもよく揉めてました。

僕は初め、あっちの学校に馴染《なじ》めなくて、虐《いじ》めってわけじゃないんだけど、みんな遠巻きに見てる、みたいな。それがずっと……小五のとき親友が出来たけど、六年生になったらそいつが引っ越しちゃって、それからはまた独りでいることが多くなって、小五のときに両親からクリスマスプレゼントとしてバードウォッチング用のフィールドスコープのセットを買ってもらってからは、それであちこち見て遊んでることが多かったです」

バードウォッチングは、群馬に来た当初の母の趣味で、大翔さんは付き合わされるうち開眼したらしい。母はやがて小鳥たちに飽きてしまって、使っていた初心者向けの双眼鏡を大翔さんに譲った。

母の双眼鏡が自分のものになり、大翔さんはバードウォッチングにめりこんだ。そしてクリスマスプレゼントで倍率二十〜六十倍、対物レンズ有効径六〇ミリの本格的なフィールドスコープと三脚を手に入れて――隣の家を観察しはじめた。

「人のうちにレンズを向けちゃいけないのは知ってたけど、コルリが巣を作って、雛《ひな》が孵《かえ》ったんですよ」

コルリは、その名のとおり瑠璃《るり》色（群青色）をした小鳥で、関東以北の森林に夏場だけ飛来する季節鳥であり、澄んだ囀《さえず》り声で知られるが、群れをつくらず単独で行動するため、姿を見ることが比較的難しい。ましてや営巣を観察できることなど滅多にない。

青い小鳥が巣をかけたのは、隣家の母屋ではなく、打ち捨てられたような物置小屋の軒下だった。木造にトタン葺きの屋根の小屋で、大翔さんの部屋の窓から八十メートルぐらい先に建っていた。こちら側に戸口は無く、窓には乱暴にベニヤが打ち付けられている。

物置小屋の向こうに隣家の母屋があり、その間のスペースに「何か」が棲んでいた。

「四つん這いになった若い女の人みたいでした。全部が肌色で、裸だ、と思いました」

全裸の若い女性が、いかに人口密度の低い地域だとはいえ、外をウロウロしているというのは穏やかでない。曲線にいろどられた胴、尻、太腿、華奢な足首。六十倍ズームで覗くと、股間に咲いた桃色の亀裂が、角度によってちらりと見える。肌はよく見ると、垢や土埃で薄黒く汚れていた。

十二歳になったばかりの大翔さんに対して、その光景は危うい中毒性を発揮した。

すぐに警察に通報しなければ。いや、その前に親に話さなければいけない。しかし、そんなことをすれば、あれはもう二度と観察できなくなってしまうのだ。

良心や常識に、大翔さんは蓋をした。

「全然見えない日もたくさんありました」

首輪で物置の向こう側に繋がれているのだろう。そう大翔さんは想像した。

「小屋と家の間の空き地をそれが四つん這いで歩いてたり、ときどきは地面に寝そべってたりするんだけど、全身は見えないんです。二本の足で立ちあがっていることもないし。だから、どこか低い所に繋がれてるみたいだと思った。肩から先は見えなくて、たいがい、お尻や脚だけ。たまに胸のへんまで見えたかな……。頭のところが見れないのでイライラしました。いつも、どんな顔をしてるのかなって想像してた」

周囲に人家は乏しい。住宅街ではないのだ。

「隣の家の周りは雑草や蔦が凄くて、敷地の両横は雑木林だか庭だかわかんないみたいになってて。コルリがいる小屋に負けないぐらい、家もすごく古い感じで、初めは廃墟かと思ったぐらい。ガレージと玄関は、僕のうちの方からは見えませんでした」

やがて夏休みが始まった。コルリの雛は巣から出て、飛ぶ練習をしはじめている。青い小鳥たちが無邪気に飛び交うようすが可愛らしく、肌色をした「何か」の醸し出す暴力性を帯びた妖しさとの対比が凄まじい。

休みに入ったばかりの頃、早朝に、フィールドスコープと双眼鏡を持って外に出ようとすると、母が「お隣のうちに近づかない方がいいよ」と忠告した。

大翔さんはドキリとして、「近づいたことなんかないよ」と応えた。

「そう？　だったらいいけど、お隣のおじさんとおばさん、犬を虐《いじ》め殺すんですって」

近所で噂になっているということだった。大翔さんはここに引っ越してきたときに、両親と一緒に隣家の夫婦に挨拶したことがあった。会ったのはそれっきりで、大翔さんの中では夫婦は存在しないもののようになっていた。だから、あの裸の「何か」と夫婦を結び付けて考えたことがそれまではなかったのだ。

「犬を殺すの？　どうして？」

「知らない。山の奥に何頭も連れてって殴り殺してるのを、猟友会の人たちが見たんだって。留守がちだし仕事は何してるかわからないし、よそ者だとも聞いてるから、前からなんか怖いなぁって思ってた。来年また東京に戻れるんじゃなきゃ、引っ越すところよ」

うん、と、大翔さんは答えながら、母の言葉に反発を覚えたのだという。

「よそ者って僕たちのことでしょ？　何いってんだよって思いました」

大翔さんは家の前の雑木林へ行くふりをして引き返し、隣家の敷地に忍び込んだ。

母屋には人の気配がまるでなかった。コルリたちがピルピルと囀っていた。物置小屋の裏側に、大翔さんは慎重に回り込んだ。

白っぽく乾いた土が、真夏の日差しを眩しく照り返している。そこに、スルメの干物と人糞を混ぜたような悪臭を放ちながら、大きな毛のない雌犬が、横に長く体を伸ばし、静かに息絶えていた。

私たちのコックリさん

《いいえ》

竹田辰子《たけだたつこ》さんは、「田中くんには好きな女の子はいますか?」とコックリさんに質問したのだった。

田中史仁《たなかふみひと》さんは、六年生のとき女子にいちばん人気があったから、辰子さんが彼を好きだったことは少しも意外ではなかった。

でも、辰子さんがその質問をしたとき、糸川和枝《いとかわかずえ》さんと佐々木清子《ささききよこ》さんと私は、揃って十円玉を押さえている人差し指をピクリと震わせてしまったし、それはコックリさんのせいではなかったと思う。

五十音表の上で十円玉が動きはじめると、和枝さんが小声で「そういうこと訊くの、やめようよ?」と提案した。

辰子さんは「なんで?」と真顔で訊き返した。

「ああ、よかった！　田中くん、好きな子はいないんだって！　じゃあ、次の質問。……コックリさん、コックリさん、質問にお答えください。田中くんに好きになってもらうには、どうしたらいいですか？」

やめよう、と、和枝さんが繰り返した。清子さんは泣きだしそうに顔を歪めた。

私もだんだん怖くなってきた——辰子さんのことが。

その間にも、十円玉が動いては文字の上で止まり、また動いては止まり、意味のある言葉を綴ってゆく。

《と・び・お・り・ろ》

私たちは悲鳴をあげて、十円玉から指を離そうとした。けれども強力な接着剤で貼りつけたみたいで十円玉から人差し指の先を剥がすことができない。私たちが大騒ぎするなかで、辰子さんだけが平然とすましたまま、次の質問をした。

「飛び降りたら、好きになってもらえるんですか？《はい》か《いいえ》でお答えください」

《はい》

「わかりました！」

辰子さんはコックリさんに応えると、勢いよく立ちあがった。それと同時に十円玉から指が離れた。辰子さんが窓の方へ駆け寄ったので、私は叫び声をあげた。

辰子さんは窓を引き開けて素早く桟によじ登ると、思い切りよく宙に身を躍らせた。

春風が夕焼け色に染まったカーテンを揺らしているのを見て、呆然とするしかなかった。

新学期が始まってすぐ、史仁さんが死んだと聞かされたときも信じがたかった。

それなのに、こんどは辰子さんが？　まさか！


辰子さんは助かった。

六年四組の教室のあった四階から、一階の昇降口の上に大きく張り出したコンクリート製の屋根の上に落ちて、両足首を捻挫しただけで済んだ。

三学期の途中から病気で学校を欠席していた史仁さんは、春休み中に亡くなった。

一九八〇年四月の出来事だ。辰子さんは、この事件のあと、死んだはずの史仁さんを登校中に目撃したと教室で話して、再び私たちを震撼させた。

そのとき、辰子さんが飛び降りたせいで、コックリさんに「お戻りください」とお願いしていいなかったことを私は思い出した。

お戻りくださいと唱えると、五十音表の上に書いた《はい》と《いいえ》の間に描いた鳥居まで、十円玉が滑っていくのだ。

鳥居にお帰りになって初めて、コックリさんはお終《しま》いになる。そういう決まりなので、私たちが呼び出したコックリさんはお帰りになっていらっしゃらないし、史仁さんの霊も此の世をさまよっているのだと思って、あのときは恐ろしくなったものだ。

——もしも今、「田中史仁くんは、まだ此《こ》の世をさまよっていますか？《はい》か《いいえ》でお答えください」とコックリさんに質問してみたら、どうなるだろう。

寄生虫

ずいぶん昔の話です。昭和二十三年（一九四八年）頃のこと、当時二十歳だった私は最初の夫と伊豆大島《いずおおしま》の元村《もとむら》というところに住んでいました。

彼は汽船会社で働いていて、子供はまだありませんでした。戦後、東京に本社のある汽船会社が大島の元村にある営業所を建て直したときに、地元で社員を募集したのです。夫は船に乗りたくて就職したけれど、蓋を開けてみたら陸上勤務だったといっていました。

汽船会社の夫の上司が、私が働いていた椿油の製油所の所長さんと親しくしており、私は所長さんの紹介で夫に引き合わされました。それが二十二年の十一月のことで、結婚式を挙げるかわりに、二人で《あけぼの丸》を見物に行きました。戦後初めて新造された大型客船で、それまで見たことがないほど立派な船でしたから、これを運航する会社の人と一緒になったんだと思って、私もとても誇らしかったものです。

真新しい社宅に入居し、月々きまったお金が入るようになって暮らし向きも良くなり、夫婦仲も睦《むつ》まじく、早く子供がほしいと思っていた矢先に、村を大きな火事が襲って、何もかも滅茶苦茶になってしまいました。

汽船会社も社宅も焼けて、夫は火の粉で目を傷め、両腕にも酷《ひど》い火傷《やけど》を負い、休職を余儀なくされました。

住むところも着るものも、お金も全部なくなり、夫も私も天涯孤独の身の上でしたから、しばらくは避難所に身を寄せていましたが、夫が、復職は難しいと医者にいわれて汽船会社を辞めると、その退職金で、村外れの山裾に古い平屋を借りることにいたしました。

ガスも水道も来ていない、煮炊きする土間を除けば二間しかない家でした。家の裏手は三原山の原生林で、林の入り口に小さな池があり、蛙がたくさん棲んでいました。

そこで、私は、蛙を夫に食べさせることにしたのです。

島には漁師が多く、魚捕りの網はいくらでも手に入ります。柄が折れたのをただで貰ってきて、蛙《かえる》を捕まえ、腸を抜いて井戸水でよく洗い、調理して、鶏肉や魚と偽って夫に食べさせてみると、夫は目が悪いので、素直に騙されてくれました。

もちろん、味つけや焼き方はいつも工夫していましたし、自分でも味見はしました。

悪意は無かったのです。私はまた製油所に勤めはじめましたが、それでもとても貧しくて、働けない夫を抱えて生きていくのは大変なことでした。夫は男だから、私よりもたくさん食べたいはずですし、だったら足りないぶんは蛙で補ってもいいでしょう。

南方で戦っていた軍人さんたちは、飢えると、蛇や蛙を捕まえて食べていた。そんな話もよく耳にしていた当時のことです。蛙を食べることへの抵抗感は、今の人より薄かったかもしれません。

……それとも、やはり、意地の悪い気持ちが、心のどこかにあったのでしょうか。

私は夫に優しく接していました。それで、怪我も、ずいぶんよくなってきてはいたのです。ただし、目は一生、うすぼんやりとしか見えないままだし、両手の指も溶けてくっつきあったり、焦げ落ちたりして、すっかり不自由になってしまいましたが。

性格も変わって、ふさぎこんだかと思うと怒鳴《どな》りちらしたり、ケロイドだらけの腕で私を殴ろうとしたりするのでした。

ともあれ、春から夏にかけて、私はせっせと夫に蛙料理を食べさせました。幸い夫は蛙肉の味が気に入ったようで、また、蛙は面白いように捕れるのです。

池にオタマジャクシがいっぱい湧いて、それに手足が生えて蛙になった頃、夫の背中に赤い腫物《はれもの》ができました。

初めは、虫刺されのように見えたので、椿油を塗っておけば、そのうち治るだろうと思いました。今のように良い薬がいっぱいなかった時代には、椿油には炎症を鎮める効果があって、虫刺されにも火傷にも効くといわれていたのです。

だから夫の火傷の痕に油を塗ってあげるのは前からの私の日課でしたが、そのときついでに腫物にも塗るようになったわけです。

でも、そんな治療の甲斐なく、腫物はどんどん大きくなってまいりました。ようすも変化してきて、饂飩《うどん》を丸めたみたいに表面がデコボコしてきました。

やがて、同じような腫物が脇腹や太腿にも現れはじめて、これはもう絶対に虫刺されなどではなく、何か大変な病気に違いないと思ったのですが……。

医者に診せたくないと夫がいうのです。「もう痛くないから大丈夫だ。それよりもっと《肉》を食わせろ」と……。

最初に腫物に気づいてから一ヶ月ぐらい経った頃でしょうか。私は、饂飩をつくねたような腫物の中で、何か長いものが動いていることに気がつきました。赤く膨《ふく》れた腫物のところどころに白っぽいミミズ腫れが浮き出して、それが移動するのです。

夫によると、ミミズ腫れのところが、とても痒いのそうです。爪があったら掻きむしっていたでしょう。思うように掻けないので、夫は苛立《いらだ》っているようでした。

ある夜、何かの気配でふと目を覚まして、夫の方を見やると、仰向けに寝た彼の顔が月明りに照らされていました。

いつのまにか病みやつれて、こうして見るとまるで髑髏《がいこつ》のよう。椿油の芳香と体臭が入り混ざったなんともいえない悪臭に包まれて、夫は熟睡しているようでした。

その片側の鼻の孔から青白い紐が頬を横切って、耳まで垂れさがっていました。

それはウネウネとのたくりながら、耳の孔に先端を突っ込もうとしています。私は恐ろしくて、布団の上に半身を起こして凝視したまま金縛りにかかったように固まってしまいました。

と、夫が眠ったまま不自由な両手をもたげて、指が欠けた手で全身を掻きむしりはじめました。最初は胸だったか、脚だったか……忘れてしまいましたが、そうしたら、掻くそばから皮膚が裂けて、傷口から血膿にまみれた白い紐状のものが、束になって飛び出してくるではありませんか。

あまりのことに声も出せず、私はただブルブル震えるばかりです。

夫が両目と口を大きく開き、目を覚ましたことがわかったときも、声を掛けてあげることも出来ませんでした。

蛙ばかり食べさせたせいというわけではないのでしょうが、夫が蝦蟇《がま》蛙の鳴き声ような奇妙な音を喉から発しながら寝転がったまま暴れだしても、腰を抜かしたまま畳の上を後ずさりするのがようやっとでした。

夫の口からも、生きて動く紐がたくさん出ています。鼻からも耳からも、何本も何本も、うねりながら飛び出しています。腫物の裂け目の中では絡まり合って蠢いています。

蝦蟇のように鳴きながら、夫は半刻ほど苦悶していました。

苦しみながら、だんだん静かになって、最後は、彼自身は動かなくなりました。細長い蟲《むし》たちは、盛んに蠢《うごめ》いておりましたが。

夜が明けたとき、夫が寝ていた布団のうえには、血まみれの紐の塊《かたまり》が在りました。まだ何匹かは弱々しく動いていましたが、急速に命を失いつつあることが感じ取れました。私が布団の端を掴んで持ちあげると、夫の亡骸が横に転がり、蟲たちと彼の体が離れました。亡骸《なきがら》は胴も太腿《ふともも》も平らに潰れ、麻袋のようで、人の体とも思えません。むしろ人としての重さ大きさを持っているのは、布団に膿で粘りついた蟲どもの方でした。

私はそれを、夫の残骸と一緒に、裏の池に捨てました。水に入ってほどけた途端、蟲が命を取り戻し、散り散りに泳ぎながら深みに潜っていくのが見えました。

初め、池には青白い袋のようなものが浮いていましたが、蟲に喰い破られて裂け目だらけだったせいか、二日もすると数枚の千切《ちぎ》れた欠片《かけら》になり、それも間もなく腐って溶けて小さくなり、数日の内に消えました。

池は再びのどかな景色を取り戻しました。蟲も、どこへ行ってしまったのか見えません。

私は、夫が失踪したことを村の駐在さんに届け出ました。でも警察は彼を探そうとせず、そのうち死体遺棄の時効の三年が経ってしまいました。

戦争が終わって間もないあの頃、世の中は乱れていて、行方不明者は大勢いました。夫には血縁者が一人もいなくて、汽船会社の元上司や同僚との交流も、退職してからは途絶えていました。彼が探されないことは私にはわかっていたのです。

それから私は製油所を退職して本土に渡り、二十五歳のとき再婚しました。

三十五歳ぐらいの頃、伊豆大島で冬に再び大火災が起こったことを新聞で読んで知りました。元村が元町になっていることも、そのときわかりました。

私が遭った元村大火より、その後の伊豆大島大火の方が規模も大きく、全国で話題になりました。元村大火なんて、もう誰も憶えていないようで、ニュースで引き合いに出されることもありませんでした。

村のみんなは亡くなりました。火事で死んで、寿命で死んで……当時を知る人は今では誰も残っていないと思います。

私も、もうすぐ死ぬでしょう。

あの蠢く紐たちは、その後何十年も、記憶となって私の中に巣喰ってきましたが、私が黙ったまま逝けば、あれもこの世から消えてしまうわけです。

そう思ったので、あなたに、こんなお話をしました。

最後まで聴いてくださって、どうもありがとうございました。

白いスニーカー（少女霊とアルバイト）

法務省が、それまでの方針を転換して、刑を執行するにあたり死刑囚の氏名や犯罪事実を公表することに踏み切ったのは、平成十八年（二〇〇七年）十二月七日のことだった。

この日、東京拘置所と大阪両拘置所で合わせて三人の死刑が執行された。それ以前は、死刑囚の遺族などに配慮して人数を明かすのみだったが、正しく死刑が執行されている事実を周知するために、鳩山邦夫《はとやまくにお》法相（当時）が氏名等を公表する決断を下したのだという。

そのとき刑死した三人の死刑囚のうち一人が、《藤沢《ふじさわ》母子殺人事件》の犯人、藤間静波《ふじませいは》だった。

彼は二十一歳のとき、何の罪もない母子――女性と少女二人――を惨殺したほか、仲間の少年二人を殺害していた。そして逮捕連行される瞬間、テレビ局のカメラに向かって笑顔でVサインを送った。享年四十七。

先輩がいう。

「テッちゃん、いくつだっけ？　十六？じゃあナイトに入ってもらうのは、まだ無理かぁ。うちの店、ナイトクルーが長続きしないんだよなぁ。今日、また一人辞めちゃってさぁ。

なんでって、うちの店、夜になると幽霊が出るから。

あのさ、藤沢の殺人事件のこと憶えてる？　一昨年すごいニュースになったじゃん。包丁やナイフで女の子二人と母親がメッタ刺しになって、父親が帰ってきたら一面血の海だったっていう、あれだよ、あれ。

あんとき殺された長女の方が、うちでバイトしてたんだ。やられちゃわなかったら、まだここで働いてたんじゃない？

……でね、なんでか、殺された自宅じゃなくて、うちの店に出るんだよ。

マジマジ。マジで出るって。本当だよ。テッちゃんも、そのうち絶対見るから」

梅田哲夫さんが、湘南《しょうなん》の海を臨むその某ファストフート店でアルバイトを始めたのは一九八四年の春、一九八二年五月二十七日に起きた《藤沢母子殺人事件》のおよそ二年後のことだった。

国道一三四号線沿いにある二階建ての大型店舗で、広い駐車場を備えており、一歩店から出れば、海水浴場を含む大きな海浜公園が広がっていた。関東随一の観光地である江の島や鎌倉も、ごく近い。某店の売りは、こうした地の利と、二階の《オーシャンビュー》。二階には、海側にガラスを嵌《は》め殺しにした巨大な窓が設けられていた。窓際のカウンター席からは水平線まで続く海原が一望でき、これがたいへん好評で、度々マスメディアでも紹介された。

しかし現在の同店には二階が無い。平屋になり、防風林に視界を遮られるため、店内から海を見ることはできない。

九十年前後から今に至るまで、店は何度かリニューアルされているが、最初の建て替え工事のときに二階を取り払ってしまったのだという。かといって一階の床面積が広くなったわけでもないので、規模を縮小したことになる。

売り上げが落ちていたなら、規模縮小は合理的な判断だ。しかし、この店はリニューアル前は、外まで行列が出来るほどの人気店だった。平屋にしてキャパシティを減らし、《オーシャンビュー》という美点を手放した理由はなんだろう？

幽霊は一階よりも二階に出ることが多かったので、そのため、二階を取り払ってしまったのではないか――当時はそういう噂があった。噂の出どころは、某店を訪れて幽霊騒動に出くわした客と、哲夫さんのような同店のスタッフたちだった。

しかし、哲夫さんは、店の先輩から幽霊の話を聞いたとき、初めは困り笑いで応えるしかなかったという。

ナイトクルー、つまり深夜帯にシフトを入れてもらうのは、このアルバイトを始めた頃からの哲夫さんの希望で、十八になったらすぐに志願するつもりだった。なぜなら深夜帯は昼に比べて時給が断然よかったのだ。

藤沢母子殺人事件のことは記憶にあった。事件が起きた辻堂は、哲夫さんが住んでいる鵠沼《くげぬま》の隣町で、事件があった場所は、自分の家があるところと似たような住宅街だ。

殺された女の子たちの家の外観を、テレビのニュース番組で見たとき、哲夫さんは自分のうちと大差ないと思った。

「殺された長女という人と僕は、考えてみれば、あのとき同い年でした。彼女の享年も十六で、彼女も僕と同じように、近所の公立高校に通いながらアルバイトしてました。先輩たちから彼女の幽霊の話を聞くようになって、生きているときはいったいどんな少女だったのだろう、と、想像を巡らせたこともありました」

先輩がいう。

「事件のあと、殺された女の子の制服や靴が二階のクルー・ルームに置かれたままになってることに店長が気づいて、制服は会社からの貸与だから本部に返却したけど、靴は私物だもんで処置に困って、女の子の自宅に電話を掛けたんだそうだ。

そしたら、女の子のお父さんが電話に出た。ニュースによると、この人は、会社からいつもどおりに家に帰ってきて、奥さんと娘たちの血まみれの死体を発見したんだって。だから娘の靴を欲しがるかもしれないと店長は思ったわけだけど、お父さんは『処分してください』って……。まあ、履き古しのスニーカーなんて普通要らないよな？

白いスニーカーだった。最初、それは店の裏のゴミ集積所に捨てられた。

ところが捨てた翌日、彼女が使ってたクルー・ルームの下駄箱に戻ってきちゃってることに女子たちが気がついて『やだ！』って大騒ぎになったんだ。

店長は、たちの悪いイタズラを誰かがしたんだろうといって怒った。いくらなんでも、そんな不謹慎なこと俺たちはやらないよ。だって殺されたのは、四、五日前まで一緒に働いてた仲間だぜ？　でも靴が勝手に歩いてくるわけがないだろって店長はプンプン怒って、ゴミ集積所に日に何回か通ってくるゴミ回収業者に、直接、スニーカーを手渡した。

今度こそ大丈夫、と、誰もが思ったよ。

でも、彼女のスニーカーは店に戻ってきちゃったんだ！

それが最初に起きた怪奇現象さ。それから次々にいろんなことが起きはじめたんだ」

哲夫さんの話を伺いながら、スニーカーの語源は英語の「スニーク（sneak／忍び寄る)」だなどとしょうもないことを連想してしまった。

それと同時に、八十年代初頭の頃の十代の若者にとってスニーカーがどんなにファッショナブルで、しかも高価なものだったかを思い出した。

一九八〇年頃に三人組の少年アイドル・ユニット《たのきんトリオ》がデビューして人気を博したとき、彼らがナイキのスニーカー《コルテッツ》を履いているというので、ファンになった十代の少女たちの間で《コルテッツ》が憧れの靴になった。同年、トリオの中の一人、近藤真彦《こんどうまさひこ》は『スニーカーぶる〜す』という映画に主演し、同名の主題曲を歌ってヒットさせた。

インターネットも存在せず、グローバリズム以前だった当時、スニーカーは単なる運動靴ではなかった。アディダスの《スタンスミス》も《エアフォース》も、リーボックも、まだ身近なものに堕していなかった「欧米式のかっこいい文化のイメージ」を明確にまとい、はるか海の向こうの世界への憧れを乗せて、若者を魅了したのだ。

哲夫さんは先輩から、二階のクルー・ルームにある着替えコーナーにも幽霊が出るのだと聞かされた。

着替えコーナーは天井からカーテンを吊るしただけの簡素なものだ。哲夫さんはじめ男子は滅多に使わない。先輩によると、そこで霊を見たのは女子だそうだ。カーテンの裾と床の間に隙間がある。その隙間から、スニーカーを履いている足が見えたのだという。

足を見た女の子は、誰かが着替えているのだろうと思って、着替えコーナーが空くのを待っていた。けれども、スニーカーを履いた足の主は、そこからなかなか出てこない。「待ってるんですけど」と彼女は声を掛けた。それでも反応がないので、ついに腹を立てて、「ちょっと！」といいながらカーテンを引き開けた。

すると、そこには誰も居なかった。

しかも、死んだ子のスニーカーは、不思議なことに、また元の下駄箱に戻っていたのだという。

今度は店長も、誰かが悪戯《いたずら》をしたのだろうと決めつけたりはせず、すぐにスニーカーを鶴岡八幡宮《つるおかはちまんぐう》に持っていって、引き取ってもらった。

それからは、スニーカーそのものが店に戻ってくることはなくなったということだ。

十六歳（少女霊とアルバイト）

梅田哲夫《うめだてつお》さんは語る。

「あるとき、後ろから『おはようございます』って女の子に挨拶されたんです。

でも、振り返ると誰もいませんでした。

僕はゾッとして周りを見回しました。僕と先輩は、そのときクルー・ルームにいました。休憩時間はそろそろ終わろうとしていて……クルー・ルームを出たら、一階の厨房に戻る前に、下に降りるついでに二階のゴミを集めて持っていくつもりでした。

声だけして誰もいなかったのは、怖かったですよ。でも先輩は先に下りていってしまうし、仕方がないから僕はフロアを巡ってゴミ箱のゴミを集めはじめました。

休憩中にすっかり太陽が沈んで、海側のガラス窓が巨大な鏡になって店内を映していました。目を凝らすと窓の外に真っ暗な海が広がっているのがわかるし、窓際からはこうは見えないんでしょうけど、少し離れている僕の位置からは、ガラスに映ったフロアのようすがよく見て取れました。

僕も映ってましたよ。なんだか心細そうな表情をした、店の制服を着た痩せっぽちの若造が。

僕の前後左右にテーブル席があり、テーブルとテーブルの間に通路がありました。フロアはお客さんでいっぱいで、BGMは店の専門優先チャンネルが流しているアメリカの最新ヒット・メドレーで、そのときは、去年の十二月からもう半年もヒットチャートに居座っているマイケル・ジャクソンの『スリラー』でした。ええ、よりによって、あのゾンビが出てくるミュージック・ビデオの……。

そのとき、クルー・ルームのドアが開くのがガラスに映って見えました。

女の子の店員が出てきました。僕と同じ、アルバイトの制服を着てる、うんと若い、たぶん高校生のアルバイトです。きびきびした歩き方で姿勢がよくて、スタイル抜群の女の子です。

そのとき僕は、なぜだか彼女が誰だかわかってしまいました。

だから、ガラスに映った彼女を見て、実物の方を振り向いてみた男子大学生のグループがウワッと叫んでも、全然意外じゃありませんでした。

彼女は、若い男なら、思わず振り返ってみたくなるタイプの美少女だけど、振り向いても、そこにはいないんですよ。だって、二年も前に死んでいるから」

件《くだん》の店に殺された少女の霊が出るという噂は、辞めていったアルバイトや霊を目撃した客たちが発信源となって、ゆっくりと口コミで広まっていった。

インターネットやスマホがある今と違い、噂が発生するまで三、四年を要した。

一九八六年、十八歳になった哲夫さんは、時給のいい夜のシフトに積極的に就いた。

ナイト・クルーの中でも、《メンテナンス》と呼ばれる深夜の清掃専門クルーが最も給料が高かった。《メンテナンス》は、閉店後から明け方まで、一晩かけて店中を徹底的に磨きあげたり、翌日に使う資材の搬入作業をしたりする仕事で、哲夫さんたちの店では三人一組で就くきまりになっていた。

四年前に殺害された少女の霊は、まだ店に取り憑いていた。その頃には、わざわざ見に来る物好きもちらほら出てきて、心霊スポットとして全国に名を馳せるのも時間の問題と思えた。店にとっては不名誉な評判であり、アルバイトが居つかないこととあわせて、頭痛の種でしかない。

哲夫さんは、店にいる女の子の霊に慣れてきたと思っていた。この二年間、しょっちゅう見ていたというわけではない。

滅多に目にすることはなかったが、少女の幽霊がこの店に存在していることを、事実として受け容れていたのだ。


かつて先輩たちがそうしたように、いつのまにか、哲夫さんも自分の心霊体験談を後輩に話して聞かせるようになった。《メンテナンス》の休憩時間に話すと、脅かし効果が抜群なのだった。

「ちょっと前の話だけど、さっきまでやってたのと同じように床に掃除機をかけてたら、ソファ席の下に百円玉が落ちててさ。急いで掃除機を止めて、床に四つん這いになって拾ったんだ。それで、ひょいと顔を上げたらさ……。

すぐ横の、本当にすぐ、二十センチぐらいしか離れてない目の前を、白いスニーカーを履いた足が通ったんだよ。短いソックスを穿いていて、肌を露出したふくらはぎが見えたから、女の子だとわかった。

でも《メンテナンス》には男しかいないじゃん？

だもんで、思わず、ヒャアッて悲鳴をあげて尻餅をついた。そしたら、『なんだ？』って他の二人が走ってきたわけ。

ところが誰も、そんな足なんか見てないし、僕にも、尻餅をついたときには、もう何も見えなかったんだよね。

だけど百円玉は手の中にあるし、絶対に気のせいなんかじゃないと思った。一瞬だけど、しっかり見て、目に焼きついてたし。……健康的な肌色で、細からず太からずっていう感じの、かっこいいふくらはぎで、ソックスは真っ白で清潔感があった。

キュッキュッて、スニーカーの裏が床をこすって鳴らす音まで聞こえたんだ。

でも、消えてた。不思議だよな？

それから、こんなこともあった。

夜中の一時頃、三人で休憩してたときに……。

今みたいに、一階で自販機のジュースを飲みながらバカ話してたんだ。くだらなくて下品な話ばっか。下ネタが好きな先輩がいてさ。その先輩が、特にどうしようもなくバカバカしいギャグを飛ばして、ドッとウケた。

……なあ、ギャグに反応するのが、ちょっとだけ遅い人って、たまにいるじゃん？　ちょうどあんな感じでさ、僕たちがギャハハってなったとき、少し遅れて、女の子が笑う声がしたんだ。

聞くつもりはなかったんだけど耳に入ってきて、思わず吹き出しちゃった、みたいな感じの、可笑しそうな笑い声が」

後輩は、恐ろしそうにフロアを見回して、ジュースの自販機のあたりを目顔で指した。

哲夫さんはうなずいた。

「そう、あの辺で三人で話してたら、ここから笑い声が聞こえてきたんだよ。プッ、ウフフフッ……って、ちょうど、今おまえが座ってるあたりからさ」

後輩は座っていた椅子から、悲鳴をあげて転がり落ちたということだ。

《藤沢母子殺人事件》は、犯人が十六歳の長女に一方的に好意を寄せたことが事件の発端だといわれている。

大勢のアルバイトの若者が、理不尽に断ち切られた少女の未来をなぞるように成長し、あの店から巣立っていった。哲夫さんは今年（二〇一七年）四十九歳になる。少女は、生きていれば五十一歳になるはずだった。

女優帽

五年ほど前に、同性の知人が亡くなった。私と同い年で家が近かったので、二〇〇〇年頃から三、四年間ぐらい、かなり親しくしていた。その後、私は子供を生んで暮らし方が激変し、引っ越してしまったこともあって、疎遠になった。

彼女は十八のときから女優や歌手をしていた、ファッショナブルで華やかな人であった。恋人は常にいたようだが、結婚はしていなかった。

最後に会ったのは偶然で、すでに交流が途絶えてしばらく経った二〇〇七年頃だ。小春日和の午後、六本木の交差点でばったり出会い、歩道で少しだけ立ち話をした。前に見たときより痩せていたが、元気そうだった。「お子さんとダーリンはどう？」と彼女は私に訊ねた。

「元気だよ。そっちはどう？　今何してるの？」

「うん、またライブやるよ。こんど詳しく教える。今ちょっと急いでるんだ」

「あっ、ごめんね。引き留めて。連絡して！」

「うん。わかった。元気でね！」

彼女は歩きだしながら軽く私に手を振って、それから背を向けて去っていった——あまり見かけないデザインの、黒いつば広の帽子を被って。

ん？　あの帽子は何？　いつのまに被った？

後ろを向くまでは被っていなかったし、あんなに馬鹿げて大きな、つばがビラビラした帽子を、急に取り出せるわけがないのに。

不思議な感じがしたが、私にも急ぎの用事があって、そのときはたいして気に留めなかった。彼女はライブをやるといっていたが、それきり連絡はなく、私の方でも忘れてしまった
やがて歳月が流れ、共通の友人から彼女の訃報が電話で届いた。六本木でたまたま会った、五年ほど前のあの頃から癌《がん》で闘病していたことを、そのとき知った。

同い年の彼女。仲が良かった三十代の頃には、お互いの夢を語り合ったこともあった。彼女は多才で美しかった。

感傷に浸りながら外出した。家の近所の帽子屋の前を通りかかり、ショーウィンドウにあった品物にふと目を惹かれた。

つばの広い黒い帽子。似たようなデザインの帽子がいくつも店内にあることに気づいた。やがて店員が出てきて話しかけてきた。

「いかがですか？　今年流行《はや》りの《女優帽》ですよ。試しに被ってみられますか？」

勧められるままに被り、鏡に映してみて、アッと声をあげそうになった。

これは、あの日、彼女が被っていた帽子ではないか！

私は寒気を覚え、帽子を店員に返しながら訊ねた。

「なぜ、《女優帽》っていうんですか？」

店員は、「いかにも女優さんが被ってるみたいな感じだからでしょう」と答えた。

私には死の予兆のように思える《女優帽》だが、たしかに生前の彼女だったら、必ずや華麗に被りこなしたであろう。それにまた、もしも生きていたら、流行に敏感な彼女のことだもの、この帽子も被っていたに違いないのだ。

どうしたって、あのときの帽子の現れ方は不可思議だった。本当は無いはずの《女優帽》が命取りになった病に彼女が取り憑かれたときに見え、亡くなったときには流行していて現実に自分で被ってみることになるなんて。

彼女はかなり重篤《じゅうとく》になるまで、体に傷痕が残るからといって、癌の摘出手術を拒んでいたそうだ。女優を続けたかったのだと思う。

それからしばらくの間、街で黒い《女優帽》を被った人を見かけるたびに、悲しみがぶりかえしてくるので困った。帽子にも流行にも罪はないけれど、私には何もかもただの偶然だとは思えなかったのだ。

田母沢会館

現在は取り壊されて跡形も無いが、かつて日光には修学旅行生御用達の《田母沢《たもざわ》会館》というホテルがあった。

現在も《田母沢御用邸記念公園》はあり、こちらは元々、病弱だった皇太子時代の大正天皇（嘉仁親王《よしひとしんのう》）の夏の静養所として造営されたものである。この御用邸の付属邸が終戦と共に国有財産となり、昭和二十三年からは《田母沢会館》として修学旅行生等の宿泊に利用されるようになった。

その後、何度かの名称や所有者の変更を経て、建物の老朽化が進んだために昭和五十三年（一九七八年）にいったん建て替えられ、翌昭和五十四年、鉄筋コンクリート三階建の近代的なホテル《田母沢会館》として再出発した。

昭和六十二年（一九八七年）に《日光田母沢ホテル》とまた名称変更するが、平成十八年（二〇〇六年）に解体されて更地になった。

梅田哲夫《うめだてつお》さんが小学校の修学旅行で日光へ行ったのは、昭和五十五年（一九八〇年）のことだった。宿は《田母沢会館》で、哲夫さんたちは二階の部屋を割り振られた。

昼間は日光東照宮《にっこうとうしょうぐう》や華厳《けごん》の滝などを見学して回り、夕方になるとここに戻ってくる。

夕食後は、部屋で枕投げやトランプなどに興じ、二泊三日の旅程はあっという間だった。

同じ部屋に泊まったのは、哲夫さんを入れて十名の男子で、帰る日の前夜、自分たちの部屋で、窓をバックに、先生に記念写真を撮影してもらった。

翌日、地元の神奈川県藤沢《ふじさわ》市に帰ってきて早々に、同室だった九人のうち一人――仮にAとする――が車に轢かれて重傷を負い、入院してしまった。

さらに、その後、お見舞いに行こうとしたB、C、D、Eと、四人を乗せた車を運転していたBの母が交通事故に遭い、揃って入院。

十人中五人が、修学旅行から帰った直後に重い怪我を負ってしまったわけである。

哲夫さんは、このとき、母親があちこちに電話を掛けていたことを憶えている。

「いろんな人と話し込んでいました。何か相談したいことがあったらしくて」

電話が一段落すると、母は彼に、ちょうどその日、学校で配られたばかりの修学旅行中の写真を持ってこさせた。

写真を一枚一枚、注意深く観察している――と、母が小声でつぶやいた。

「あった……」

そして、すぐにどこかへまた電話を掛け、「ありました！」と報告している。

「お母さん、何なの？　写真がどうかした？」

母は初め、哲夫さんに問題の写真を見せたがらなかった。しかし彼がしつこく食い下がると、渋々、それを差し出した。

夜、十人みんなで、《田母沢会館》の二階で撮った、あの写真だった。

暗い窓ガラスに、室内のものや哲夫さんたちの背中が映り込んでいる。一見しただけでは気がつかなかったが、あらためて見てみると、窓の中の上方に、大人の頭ぐらいの青白い靄《もや》が浮かんでいた。

靄の中には、眼のようなものが二つある。一つは細部まで鮮明で、どう見ても「目」だ。もう片方の目は輪郭が滲んだようになり、ぼんやりとしている。

「うわ！　何、この目！」

母は首を横に振った。「わからない。だけど何か障《さわ》りがあるモノに違いないから、十人の子の写真を集めて、鶴岡八幡宮《つるおかはちまんぐう》でお祓いをしてもらってくる」

翌日、十人の保護者の代表が写真を回収して、藤沢市のお隣の鎌倉市随一のお社、鶴岡八幡宮にまとめて持っていってお祓いしてもらい、帰ってくると、各家に同社で貰ってきたお守りを配って歩いた。

哲夫さんも一つ、お守りを受け取った。

「しばらくの間、肌身離さず持ち歩きなさい」

そう母にいわれて、哲夫さんはお守りをいつも首から下げていることにした。

無事だった他の三人もそのようにし、事故の連鎖は五人までで止まった。

中学に進学したのちに、よその小学校から来た同級生にこの話を聞かせたところ、

「それ、田母沢会館だろ?」

と、宿の名前をあてられた。

聞けば、その同級生も修学旅行では《田母沢会館》に泊まったのだという。

そして、その子も、夜に部屋で仲間と写真を撮影したのだが、その写真には、神社の鳥居のようなものが写っていたということだ。

パンの実

石山勇《いしやまいさお》さんの訃報を受けたのは十年前のことだった。享年八十五。勇さんは大正十一年（一九二二年）生まれで、私が二十九歳のときは、まだ矍鑠《かくしゃく》としていらした。

当時、私は彼の自分史を代筆した。代筆といっても、インタビューをし、資料と突き合わせて裏取りしながら構成する聞き書きの一種であって、出来たものは純然たる勇さんの作品だ。

勇さんのお話の九割は、一九四二年から一九四五年の間に外地で経験したことだった。誰にも話せなかった経験談を本にすることが彼の希望で、出来た本も、売るでも配るでもなく、ただ持っていたいということだった。

私は勇さんからお話を伺っていると、いつも、イソップ童話の『王様の耳は驢馬《ろば》の耳』を思い浮かべた。王様の耳が驢馬の耳だと知った床屋が口止めされて、誰にもいえない秘密を抱える苦しさに耐え兼ね、神父に相談する。すると神父は「穴を掘って、穴の中に秘密を叫べば胸が軽くなる」と床屋に提言するのだ――私は勇さんにとって、秘密を叫ぶための穴なのだろうと思った次第だ。そして書きあがった暁には、本が秘密の穴になるのだ。

秘密にしたいと思うのも無理はない、と、納得するような逸話が多かった。また、いったん文章にしたあとで、勇さんに削除するよう指示されたエピソードも幾つかあった。これはそのうちの一つ。第二次大戦中、南洋の島での体験談だ。

尚、私の怪談の登場人物は、どの話でも語り手を含めて人物はすべて仮名なのだが、勇さんの談話は彼の名誉に障りがある内容なので、仮名であることを、ここに特筆する次第である。

「昭和十九年（一九四四年）三月、私は関東軍の一兵卒として、二千名の将兵と共に中部太平洋マリアナ諸島の北に位置するパガン島に上陸しました。六月になると天羽《あもう》馬八《うまはち》大佐のもとで連隊が改編されて、独立混成第九連隊に私は組み入れられ、引き続きパガン島の守護に当たりましたが、米軍機の空襲が絶え間なく続き、やがて物資の補給が途絶えると、兵卒の消耗がいちじるしくなってまいりました。

唯一の救いは、南の島ならではの天然の果樹でした。とくにパンの実が美味《うま》く、焼いたパンの実の味は今でも夢に見るほどです。

最高に美味かったのは、一九九五年の夏、島に墜落した米軍機の翼で焼いたやつです。恐らく故障による事故で島に偶然墜ちてきた飛行機があり、私が偵察にいってみると、米兵が二人、放り出されずに乗ったまま死んでいました。ジャングルの真ん中で、そばに小さな沼があり、辺りに人目はありませんでした。

私は、その飛行機の翼を調理用の鉄板代わりにすることを思いつきました。翼の上に食べたいだけ載せて、下で火を焚いてみたところ、いい具合に焼けました。

その頃には病気や飢えで何百人も隊員が死んで、残った小隊もまとまらず、散り散りになっていました。

私はそのとき共に生き延びた仲間二人と行動を共にしていましたから、この墜落機は我々三人だけの秘密にしようと話し合って、誰かに盗られないように交代で見張りながら、来る日も来る日も、そこで食べつづけたのです。

だんだん焼き方や捌き方も上達してきて、真ん中で肉を焼きながら翼の隅に皮を剥いたパンの実を乗せておくと、肉の脂が実に染みて、いい按配だとわかりました。

そのうち肉が無くなりまして……。幸い、すぐに新鮮な肉を調達することが出来たのですが、お陰で仲間が減ってしまいました。

お終《しま》いには私独りになってしまったわけですが、あんなに美味いものは、それから後も喰ったことがありません」

時代劇ロケ

現在、栃木県日光市鬼怒川《きぬがわ》地区にある《日光江戸村》の辺りに、かつて鉱山があったことは今ではあまり知られていない。

同地区に軍需省所管の日本鉱山木戸ヶ沢《きどがざわ》鉱山、および内務省所管の日本鉱山木戸ヶ沢鉱山内日産土木作業所が竣工したのは昭和十五年（一九四〇年）のことで、その後、第二次大戦が終戦するまで、そこでは大勢の朝鮮人労働者が作業に就かされていた。自由募集で渡日してきた土工もいたが、多くは「官斡旋」の名のもとに朝鮮半島から強制連行されたのだといわれている。

日本鉱業木戸ヶ沢鉱山は、戦後も昭和三十七年頃まで黄銅鉱や黄鉄鉱などの採掘を続けていたが、昭和五十年（一九七五年）に閉山した。

そして昭和六十一年（一九八六年）、その場所に、江戸の街をイメージしたテーマパーク《日光江戸村》が開設された。

元守衛の話。

「江戸村の西側の山並みを眺めていると、ときどき、山裾を白いチマチョゴリを着た女性が三人、泣き叫びながら走っていました。これは私だけじゃなくて、ここで働いてる人が大勢見てました。昼日中でも見えるときがあるんで、みんな怖がってましたっけ。

もちろん幽霊ですよ。昔の朝鮮人労働者のね。女性も連れてこられたという話です。

また、その近くに平成四年頃、テレビ時代劇の撮影スタジオが造られたんですが、スタジオが出来るまでは駐車場で、そこには鉱山の労働者の霊が出るといわれていました。

開園から間もない頃のことですが、ここを訪れた新婚のご夫婦をちょっとお世話したことがあって、その人たちから私宛に写真が送られてきたんです。

写真に添えられていた手紙によると、日光江戸村に車で到着してすぐ、駐車場でさっそく二人で記念撮影をしたそうで……そのとき周りには誰もいなかったのに、『こんな写真が撮れてしまいました』というんですね。

それで肝心の写真はどうなってるかというと、ご夫婦の周りに十人ぐらい坊主頭の肉体労働者風の男たちが写ってるんですよ！　みんな痩せこけて、目つきが鋭くて、半裸の者もいるし、ひどく汚れた貧しい身なりで……向こうが透けているのもいて……生きている人間じゃないことが明らかでした。戦時中は、ああいう人たちに、ずいぶん残酷な扱いをしたといいますから。今でも恨んで、ここに取り憑いているんじゃないですか？」

テレビ時代劇『徳川無頼帳《とくがわぶらいちょう》』のロケが日光江戸村で行われたのは、平成四年（一九九二年）の上半期のことだった。私の夫は、当時二十七、八歳で、テレビドラマの制作に関わっていた。『徳川無頼帳』のときはサード（３ｒｄ）助監督。セカンド助監督の下について、役者回りの雑用や演出の手伝いに走り回っていた。

クランクインの一ヶ月半あまり前から東京と日光を行ったり来たりし、撮影準備に追われた。その間に日光江戸村には、刻々と大がかりなセットが造られていった。

中でも山の上に設けた吉原の街を再現したオープンセットは、しっかりした普請の建物で、撮影終了後は取り壊さずに、そのまま日光江戸村の施設として利用されることになると聞かされていた。

そことは別に山の下にスタッフルームも出来たのだが、クランクイン前日、スタッフルームの裏の雑木林で原因不明の火事が起きた。

幸い、火は燃え広がらずに消し止められたのだが、このときから、撮影スタッフの間で、こんな噂が囁かれるようになった。

「セットを造るとき、霊場を崩して霊道を破壊してしまったから、祟られたに違いない」

吉原《よしわら》遊郭のオープンセットを造った山には、作業中に亡くなった朝鮮人労働者の霊場があったというのである。

真偽は不明ながら、いざ撮影が開始されると、吉原のセットで奇怪な体験をする者が続々と現れた。

「幽霊としか思えない怪しい人影を見た」もしくは、「肩を叩かれたが、振り返ると誰もいない」と話す者が多かったという。

助監督たちは、一日の撮影が終了した後にもスタッフルームで翌日の撮影の準備をする。ときには準備が深夜に及ぶこともあり、そんなときに限って、昼間撮影した場所に忘れ物をしたことに気がつく者が出た。

するとたいがい夫が行かされるはめになったそうだが、一人きりで行くのは怖い。そこで誰かに付いてきてもらって、二人で懐中電灯を持って行くわけだが――。

「今、そこを白い影が通らなかったか？」「やめてください。気のせいですよ！」「そうかなぁ……。ん？　なんだよ？」「え？」「今、お前、俺の肩叩いただろ？」「いいえ？」

――そこで大の男たちがキャーキャー悲鳴を上げながら、山の下のスタッフルームまで逃げ戻る。そういうことが、しょっちゅうあったのだという。

「照明さんたちが引き揚げたあとの吉原のオープンセットは真っ暗で、懐中電灯と月明りだけを頼りに忘れ物を探すんだよ？　毎回、肝試しみたいだったよ！」

『徳川無頼帳』はジャパンアクションクラブ（ＪＡＣ）による本格的で大胆な殺陣《たて》と忍者アクションが見所で、ＪＡＣの役者たちは江戸村のアトラクションにも出演していたから、ドラマの制作スタッフも彼らの公演を出来るかぎり応援した。

今も日光江戸村では『大忍者劇場』という芝居が毎日掛かっていて人気を集めている

が、当時も忍者屋敷で忍者ショーを行っていた。

その頃の忍者ショーの目玉は「黒忍者」対「赤忍者」の闘い。

ところが、あるとき、戦闘場面になると、やにわに「白忍者」が舞台に登場し、彼らの闘いに加わった。観客はじめ、夫たち関係者も、舞台を眺めていた人々は、全員が「白・赤・黒」の三つ巴の闘いを観て楽しんだが、ただ一人、支配人だけは腹を立てていた。

「どうして勝手にいつもと違うことをやるんだ！　誰だあの白忍者は！」

頭から湯気を出しそうな剣幕で終演後の楽屋に乗り込む彼を見て、夫たちは呆気に取られた。それればかりでない。支配人にいきなり叱りつけられた役者たちも、ポカンとして、なんのことだかわからないといったようす。

「……白忍者なんて誰も演ってませんよ？」

そういわれて支配人やスタッフが役者の面々を確かめると、本当に「白忍者」を演じそうな者はおらず、そもそもそんな衣装が無いことがわかった。

舞台にいた役者たちは誰も「白忍者」を見ていなかったのである。

またあるときは、山から直径三メートルの巨岩が転がり落ちてきて、吉原花魁ショーの出演者が控えている小屋を直撃、木端微塵に大破せしめた。夫によると、そのときは「ミサイルが落ちてきたかというような轟音がして、地面が揺れた」そうである。

危うく役者たちも小屋もろとも潰されて死んでしまうところだったが、たまたまその日は世間の夏休み期間中の日曜日だったため、特別追加公演があり、スケジュールが常と違っていた。役者らは舞台袖に集合して出番を待っているところだった。

岩が落下した原因は最後までわからず、祟りなのでは……と噂になったということだ。

新小岩駅

二〇一六年十二月十三日、ＪＲ東日本が、安全対策のため設置を進めているホームドアの整備計画を発表した。首都圏の在来線計五十八駅にホームドアを設ける予定で、すべての設置工事を二〇二〇年までに完了させるとし、これが新聞などで報じられた。

このとき、他の五十七駅については東京五輪を見据えた計画であることは明白で、安全対策以外に理由があるとも思わないが、総武《そうぶ》快速線で唯一ホームドア設置が公表された《新小岩駅《しんこいわ》》だけは別の事情があるのではないか——そんな噂が一部の人々の間で囁かれたことはご存知だろうか？

同駅は、総武快速線の利用者や鉄道マニア、そしてインターネットで怪しい情報を蒐集することを趣味とする人々の間では、自殺の名所として知られている。

しかし、数年前まではそんなことはなかった。不名誉な注目のされ方をしはじめたのは、二〇一一年七月十二日。

この日、新小岩駅三番線を通過中の特急・成田《なりた》エクスプレス一〇号に、女性が飛び込んだ。成田エクスプレスが駅ホームを通過するスピードは時速一二〇キロ。これに触れた女性の体は瞬時に激しく弾き飛ばされた。

彼女は、駅ホームの売店《キオスク》の側面のガラスを破壊し、鮮血と肉片があたりに飛び散った。本人は「全身を強く打って」即死。ホームに居合わせた人々数人も巻き添えとなって軽傷を負い、事故は大きく報道された。

自殺報道の影響で自殺が増える現象を《ウェルテル効果》という。《ウェルテル効果》においては、影響を受けた本人が特定の事例を模倣する点が特徴だとされている。《新小岩駅》の事故も《ウェルテル効果》の例外たりえなかった。女性の人身事故があった翌日、同駅で再び類似の飛び込み事件が発生し、その後も現在に至るまで人身事故が頻発することになった。

国土交通省が作成した「運転事故等整理表」を基に、二〇一六年六月、ジャーナリストの佐藤祐一《さとうゆういち》氏が『東洋経済』に発表した統計データによると、二〇〇五年度から二〇一四年度までの十年間の《新小岩駅》の自殺者数は「三十件」で新宿駅と同数。しかし新宿駅の利用者は一日平均約七十五万人であるのに対し、《新小岩駅》は十分の一以下の七万二千人（二〇一四年度）。人身事故に遭う確率は新宿《しんじゅく》駅の十倍以上という計算になる。

尚、この「三十件」は古いデータで、二〇一七年一月現在までにさらに計十三件の人身事故が起きており、二〇一五年度には、二〇〇五年度から十年の統計では上位だった西八王子《にしはちおうじ》・桶川《おけがわ》・川崎《かわさき》を圧して、自殺者数で全国一位だったことを付記しておく。

なぜこのようなことになったのかということについて、私はインターネットとスマホの普及が負の連鎖を強化したのではないかと推察している。ネット時代では報道が風化せず、情報が蓄積される傾向がある。では人身事故の報道を控えればいいかというと、ツイッターなどのSNSで情報が拡散されるので無駄であって、このままでは自殺者が集まるばかりということになる。

この流れを変えるには、ホームドアを設置して物理的に防ぐしかないと思われる。

華厳《けごん》の滝、東尋坊《とうじんぼう》、富士《ふじ》の樹海《じゅかい》に怪談が多いのと同様に、《新小岩駅》からも数々の怪談が誕生している。

インターネットでよく見られているのは、同駅のホームで「自分の腕を探しているサラリーマン風の男性」に遭遇した話や、「背後に立つ黒い人影（立たれた直後に特急に向かってダッシュしてしまう）」動画など。他にもあるが、どれも自分が同駅で目撃したこととして開示されているためリアリティがあって怖ろしい。

残念ながら私自身には《新小岩駅》の怪異な実体験の持ち合わせがないが、私のSNSアカウントに最近寄せられたメッセージの中の一つが、同駅での奇妙な体験談だった。

「今年（二〇一六年）の七月の下旬の、たしか金曜日だったと思います。

午後三時過ぎに新小岩駅のホームで上り電車に乗ろうと思っていたら、電車が到着するほんの四、五分前に同じ総武快速線のホームの下り側で人身事故がありました。そのときは正直、迷惑だなと思っただけだったんですが……。

翌週の金曜にまた新小岩駅に行って同じ時刻の上り電車を待っていると、後ろの方から『すいません』っていう男の人の声が聞こえたんです。

あまりにはっきり聞こえたので、私に話しかけてるのかと思って、『はい？』といいながら振り向きました。

でも、私のすぐ後ろには誰もいなくて、その代わり、男の人が真後ろのホームの反対側（下り）の方の端スレスレのところに、線路の方を向いて立っているのが見えました。

もうすぐ電車が来るので、危ないな、駅員さん注意しないかなと咄嗟に思いましたが、よく見たら、ホームの端スレスレのところに立ってるんじゃなくて、スレスレの線路側に浮かんでいるので、幽霊なんだと気がつきました。

電車が来ると、男の人はスーッと透き通って消えてしまいました。

乗る電車の時間をずらしてからは、そういうものは見ていません。

スレスレのところに立っていた人は、電車に飛び込もうか、それともやめようか、ずいぶん迷ったんじゃないかと思います。下を向いているみたいでしたが、あれは線路を見つめていたんじゃないでしょうか？

毎週金曜日の三時過ぎになると、あの男の人の姿を、いつも思い出してしまいます」

その話を読んだときは、「その幽霊はホームドアが完成したら立つ瀬がなくなる」などと不謹慎な冗談を思いついてしまったが、あとになってみれば、金曜日の午後三時過ぎに《新小岩駅》に行くのは、正直あまり気が進まないのである。もしも背後から「すみません」と声を掛けられたら、腰を抜かしてしまうと思われる。

そういう人もいるんだよ

私の家族のなかで不可思議なモノに遭うことが多いのは息子で、次に夫、最後が私だと思うが、お祖母さんが霊能者だった夫は別として、息子が奇妙なものをよく見るのは、彼がまだ子供だからかもしれない。

古来、人は神意を伺うにあたって、幼い子供を尸童《よりまし》として神霊に憑依させ、子供の口を借りて神の御託宣を得てきた。無垢な子供は神意を入れる器として最適で、彼《か》の世と此《こ》の世の境界に立ち、むしろ彼の世の方に近い――「七つまでは神のうち」というのは、幼い子が死にやすく、彼の世に取られてやすいことを指すのと同時に、神の領域に属していることを表している。

息子は現在十二歳で、近頃はあまり不思議なことをいわなくなった。それだけ大人になり、神域から遠ざかっているだろう。

十歳ぐらいまでは、息子はよく此の世にあるわけがなさそうなものに遭遇していた。

面白いことに、夫も私も、息子と一緒にいるときには、子供ならではの不思議体験を共有できるようだった。

私や夫が息子と経験した奇怪なエピソードには、活字になっていない話もまだ少しあるので、この機会にご紹介したい。

息子が見るもの、あるいは息子と連れ立っていると見えるモノは、妖怪の類に偏《かたよ》っているように思う。

三、四年前に、夏、油照りの渋谷駅のスクランブル交差点の駅側に立ち、暑さにうんざりしながら息子と青信号を待っていると、息子が向こう側のＴＳＵＴＡＹＡの方を指差して「あの人、すごく首が長いよ！」といって私の注意を引いた。

指差された方を眺めると、なるほど、周囲の群衆からひときわ高い位置に頭が見える。少年といってもいいような若い男で、色の白い顎《あご》の尖った顔は今どきよくいるタイプと思え、髪型も長すぎもせず坊主でもなく普通だ。

しかし、その頭を支える首が、恐ろしく長い。どれぐらい長いかというと、優に三十センチはある。そのため、その青年の身長は二メートルを超えており、遠目にもひどく目立っている。

「串にお団子を刺したみたいだね」と、息子が冷静に観察しながら述べた。「一個だけ」と付け加えることも忘れない。私は驚き、あれは人だろうかと怪しみつつ、かろうじて、「本当だ」と相槌を打った。

そうこうするうち、信号が青になり、スクランブル交差点を囲んでいた人の群れが一斉に移動を開始した。

私と息子も、首の長い青年に注目したまま、TSUTAYAの方へ歩きだした。青年は逆にこちらに真っ直ぐ向かって来る。近づくにつれて、青年の首がさらに少しずつ伸びていくように感じた。あと数歩で真横に並ぶという距離になったら、どう見ても五十センチはありそうな長さになった。襟《えり》付きの半袖シャツ、青いデニムのズボン、肩掛け鞄という、どこにでもいそうな学生風の格好だが、とにかく首が長すぎる。

でも、それ以上に異様なのは、私と息子以外、誰も彼を注視していないことだった。青年の方でも、他人の視線を気にするようすはない。私と息子の方にも目を向けることなく、横を通り過ぎていった。擦れ違ったときには、彼の首は一メートルぐらいに伸びていた。とんでもない高さで頼りなげに小さな頭がゆらめいており、その瞬間、見上げる形になった私の目には、皮膚の柔らかそうな顎の裏側が見えた。

擦れ違った直後に、息子がいった。「首がどんどん長くなる病気ってあるの?」

「わからないけど……」と私は慎重に答えた。「さっきの人のは病気じゃないと思う」

「ああいう人もいるんだねぇ」と息子は感動した面持ちで述べた。

息子と夫が二人でいるときに遭った不思議なモノで、今でもたまに夫と語り草になっているのは、江東区《こうとう》青海《おうみ》にある商業施設《ダイバーシティ東京》にいた、息子にいわせれば「顔が大きい人」。

ダイバーシティ東京といえば、建物の前にある高さ十八メートルの《実物大ガンダム立像》が有名だ。本物(?)のガンダムを見て息子は大喜びだったが、私はそれより、建物の中にある女性服のブティックが気になっていた。そこで、少しの間、息子は夫に任せて、別行動を取らせてもらうことにした。

しばらくブティックの店先をひやかしていたら、夫が電話を掛けてきた。息子を連れてトイレに行くというので、二人がトイレを済ませたらまた電話をもらうことにした。

十分ほどして電話があったが、夫がやけに興奮している。

「何か凄いモノを見た、と思う！　まだいるかもしれないから、こっちにおいで！」

二人のところへ行くと、息子が何を見たか説明してくれた。

「背が僕ぐらいで、顔がおへソまであって紫色で、目とか鼻とかよくわかない人がいた」

世の中には様々な奇病がある。稀にはそういう珍しいことになってしまった気の毒な人もいるかもしれない。こんなときの子供への対応は慎重を要するのである。

「えー、うーん」といって時間稼ぎをし、なんと応えようか考えようとしたそのとき、私の視界に奇天烈な造形をした何かが飛び込んできた。

餅のように真っ白な肌をしたハート型の顔。比喩ではなく、本当に、頭の天辺が鋭角に窪んで、頭部全体がハートのような形をしているのだ。左右の上部の円い部分に、非常に大きな目があり、下瞼の皮がたるんでいる。鼻はごく小さく、口もとは扁平で、横に広い。黒い髪は薄く、地肌が透けている。大人の身長だが、胸は扁平で体は細く、性別は不明。それは私の方へチラリと一瞬、視線を投げてよこした。

目の中が、ほとんど黒目だった。

「えーと……。なんか今、お母さんも変わったモノを見てるかもしれない。ほら、あそこ！」

「ああ、本当だぁ」と息子が見つけていった。「顔が大きい人の方が凄かったけどねぇ」

夫によると、それは、紫色の顔が身長の半分までを占めている何かで、断じて人間ではなかったとのことである。

「それなりに健康そうだったからねぇ。身ごなしとか、元気そのもので」

その他にも、息子は習い事の帰り道で、手が地面に届きそうなほど腕が長い女性を見たといっていたこともある。それはとてもゆっくりと彼の前を歩いていたため、追いついてしまいそうだった。

追い越したらどうなるのか？　想像すると、息子は怖くなったのだという。

「後ろから、長ーい腕で捕まえられたら怖いでしょ？　でも、すごーく、ゆーっくり

ゆーっくり、歩いてるんだよ！　だからコンビニに入ってちょっと時間を潰して、それから外に出てみたら、もうどっか行っちゃってた。本当は善い人かもしれないのに怖い想像しちゃって、僕、悪いことしたかな？」

「……人なのかしらね、それ？」

その点について私は前々から懐疑的なのだが、息子はこういった。

「そういう人もいるんだよ、お母さん」

猛犬注意の家

中二から中三にかけての頃のことだから、昭和五十六、七年（一九八一～八二年）頃、八王子《はちおうじ》市片倉《かたくら》町の私の家の近所に、「暴力団の組長」と噂される人が家族と住んでいた。

その家の前にはいつも黒いベンツが路上駐車されており、運転席に、背広を着ているがネクタイはしておらず、額に剃り込みを入れた角刈り頭の、わけもなく険しい顔つきをした若者が待機していた。

門扉のところに「猛犬注意」と印字したプラスチックの板が取り付けてあって、奥さんがいつでもパーティーに行くみたいな華やかな服装をしていた。

今にして思えば、あまりに「昭和のヤクザ」のステロタイプなので、かえって違ったのではなかったかとも思う。運転手のような若者はいたが、なにしろ、私の実家と敷地面積がほぼ同じ、電鉄系の建売住宅団地の中の一軒に住んでいたわけで、暴力団組長にしては庶民的でもある。むしろヤクザ風のファッションやライフスタイルに憧れている小企業の経営者だったのではないか。そんな気がする。

その家では、白い秋田犬を飼っていた。

それから、息子が一人いた。運転手を除けば、家族は三人であるようだった。

息子も犬も、大事にされて、手入れが行き届いていた。服装、毛並み、申し分なかった。息子は私立の中高一貫校に通っているそうで、たまに紺色の制服を着た小公子然とした姿をその家の前で見掛けた。どこへ行くにもベンツの送迎があり、近所の少年たちと交わらない生活を送っていたのだ。

犬の方も同様で、界隈《かいわい》の犬が集まる公園などでは見たためしがなかった。毎日、決まった時刻に大型犬専門の調教師が来て、住宅地の中を散歩させていた。いつ見ても調教師も犬も無表情で、機械のように正しく歩いている、という印象だった。

しかしあるとき、犬が急にいなくなった。私の母が井戸端会議で仕入れてきた情報によれば、突然、門扉を飛び越えて道に躍り出てきたと思うと、通りかかった幼児を押し倒して噛みついたのだそうだ。幼児は頭を噛まれて重傷、止めに入った幼児の親とベンツの運転手にも噛みついてそれぞれに軽傷を負わせ、保健所に連れていかれたということだ。

犬を失った家は、次に息子を失った。

十六歳になると、彼はオートバイの免許を取得した。八十年代の少年たちにとって、オートバイは必需品に近かった。

アルバイトをして購入代金を稼ぐ子たちが多かったが、彼の場合は親が買い与えたのかもしれない。そうであれば尚のこと悲劇的だ。

なぜなら彼は交通事故で死んでしまったからである。

そしてどういうわけか、乗り手を失ったオートバイだけが家に運び戻された。

その頃から、角刈りの運転手ごと、黒いベンツも見かけなくなった。

すると、一家の主が家に寄りつかなくなったのだという噂が流れてきた。また、奥さんは「少しノイローゼ気味」なのだといわれるようになった。この「少しノイローゼ気味」という表現は近頃は滅多に聞かないが、昔は便利に使われていた。今でいえば「鬱病」もしくは漠然と「情緒不安定」といわれるような症状を指しただろうか……。

この頃、私も奥さんを見掛けている。夕方、中学校からの下校途中で、その家を前を通りかかったら、奥さんが独りで、あでやかなピンク色をしたジョーゼットのワンピースを着て、玄関ポーチに佇んでいた。

玄関ポーチは舗道よりも階段で六、七段、上にあったから、夕陽に照らされた彼女の姿は、ステージにあがった舞台女優のようにも見えた。一切の表情を消した顔と姿の美しさに胸を打たれた。

空になった大型犬用のケージが階段の下にあり、その横に立てかけるように埃をかぶったオートバイが置かれていた。

それから間もなく、奥さんが大怪我をして救急車で運ばれていったという話を母から聞かされた。玄関ポーチから階段を転がり落ちて、オートバイに顔から突っ込んでしまったのだそうだ。隣の家の人が物音を聞いて駆けつけたときには、オートバイの一方のハンドルが片目に突き刺さった状態だったという。

「頭蓋骨の中までハンドルがめり込んでいたんですって」

そう話しながら、母は怖ろしそうに身震いして見せた。それでは命が助かるまいと誰もが思い、亡くなったと聞いたときには「やっぱり」とみんなが納得した。

かつて大きな白い犬と少年と運転手と奥さんがいた家には、誰も居なくなった。主は家を手放したようで、家は外壁を塗装し直されて、半年後、新しい入居者がやってきた。

こんどの家族も、大型犬を飼っていた。アフガンハウンドという毛が長い種類の犬だ。大人しそうな顔つきの犬であったが、飼い主は「猛犬注意」のプレートを門柱に貼りつけた。また「猛犬注意」か——と思っていたら、この犬も通行人に襲いかかって処分されてしまった。

そして再び、誰も居なくなった。

ずいぶん経って、「物凄い顔」に変貌してしまった前の家族の奥さんが、再び空き家になった家を見にきていたという話を耳にした。

どんな顔なのかわからないが、残った片目で、懐かしそうに家を眺めていたということだ。病院で亡くなったという噂は嘘だったのかしら、と、それを私に語った近所のオバサンは首を傾げていた。

幽霊には見えなかったけれど、もう冬だというのに、薄地のワンピースだけで上着もなく、正気のようではなかったという。

スーツケース

京都府綴喜《つづき》郡宇治田原《うじたわら》町にある府道三号線の橋には、夜な夜な、大きなスーツケースを持った男の幽霊が現われるそうだ。

橋の名前は宵待ち橋といい、田原川という川とダムの接続地点であり、この辺りでは鯉やヘラブナ、アマゴやニジマスがよく釣れる。

シャコや手長海老も捕れるそうで釣り人に人気がある場所だが、釣り人たちの間では、「腐乱死体もよく釣れる」と囁かれ、死体を喰っているに違いないからといって、ここで捕れるシャコや海老は食べないと話す者もいる。

スーツケースを持った男の幽霊は、深夜、橋の上から湖面を恨めしそうに見つめているのだという。

彼のスーツケースの中には、何が入っているのだろう?

二〇一六年六月二十七日、東京都品川《しながわ》区東品川、東京モノレールの天王洲《てんのうず》アイル駅付近の京浜運河《けいひんうんが》で、スーツケースに入った女性の遺体が発見された。

黒っぽい何かが海流に沿って南から北に流れているという通報を受けてボートで急行した警察官が引き揚げてみたところ、それは黒い大型のスーツケースで、中に女性の遺体が入っていたのだ。

女性はピンクのキャミソールと水色のハーフパンツを身に着けており、体育座りの格好に体を折り曲げられ、年齢は三十代から四十代。死後一週間ほど経過していた。

遺体と一緒に重りと思われる石が入れられていたことから、殺人・死体遺棄事件として警視庁捜査一課が捜査を開始、七月七日、荒川《あらかわ》区に住む中国籍の男が警視庁に出頭して、入管難民法違反の疑いで逮捕起訴され、同じ日に遺体の女性の身許もわかり、彼女も中国籍であるとして、両者とも氏名年齢が公開された。

このあたりの前後関係は非常に疑わしく思われる。別件逮捕でなかったならば、偶然にも七夕の日に、これまた全く偶然に、死んだ女性と「犯人」の身許がいっぺんにわかったというオカルトチックなことになってしまうからだ。

その後の調べで、二人は二〇〇七年に中国で結婚した「夫婦」であったことも明らかになった。異国で苦労を共にした彼らの軌跡を想像すると、深い哀しみを覚える。

他に、スーツケースに死体が入れられていた事件として私が記憶しているのは、二〇〇五年に起きた殺人事件と、二〇〇八年に新宿のホテルで起きた遺体遺棄事件だ。

前者は《少女スーツケース詰め殺人事件》という呼称でインターネットにまとめサイトが複数出来ている。

二〇〇五年五月七日、警視庁捜査一課が千葉県柏《かしわ》市名戸ヶ谷《などがや》の水田でスーツケースに入った女性の遺体を発見した。この女性は、同月二日から行方不明になっていた宮城県在住の十九歳。彼女は五月八日の母の日に東京への旅行券をプレゼントする予定で、下見のために上京したところ、JR新宿駅東口で知り合った男に殺害された。犯人が殺害翌日に被害者の自宅に「キャッシュカードの番号を教えてほしい」などと電話を掛け、不審に思った家族が警察に通報して事件の発覚に至った。

後者の事件は、二〇〇八年九月四日と五日に、東京都新宿区西新宿のホテルの客室で

「異臭がする」と一一〇番通報があり、四日には異常が見当たらないとされたが、二回目の通報があった五日、通報で怪しいとされた客室の隣の部屋を調べたところ、遺体入りのスーツケースが見つかったというもの。

九月二十二日、死体遺棄容疑で住所不定無職の男性が逮捕され、遺体の女性は容疑者の妻であったことを自供。女性は、夫婦でホテルを転々としている最中に病死したのだという。夫は容疑を認めて、こう供述した。

「少しでも一緒に居たくて、スーツケースに入れて持ち歩いていた」

この事件のあと、同ホテルでは、幽霊が出るという噂が立った。

あるはずのないスーツケースを見た、いるはずのない中年女性が部屋にいた、腐臭を嗅いだという体験談がインターネットで各所に書き込まれたが、次第に風化したようだ。

二〇〇五年の少女の遺体入りスーツケースの事件では、こうした怪談は生まれなかった。犯人は若い女性を恐喝した前科があり、色と金が目的の身も蓋もない非情なだけの犯行だったことが明らかだったからだろうか。

七夕に犯人と被害者の身許が共に明らかになった去年の京浜運河の事件と、新宿のホテルの事件は、どちらも夫婦の事件である。

事件報道に、あるいはそのサイドストーリーに、心が揺さぶられることは多い。

そこに人間らしい情とドラマがある——そう感じ取ると、人は、霊魂の存在を信じたい気持ちが強まるものなのかもしれない。

屍穢

昭和二十年（一九四五年）五月二十五日二十二時から未明にかけて、東京の山の手方面に四七〇機のB29が飛来、一面に焼夷弾《しょういだん》を降らせた。この一晩で、死傷者七四一五名（死者三六五一名）、焼失家屋十六万六千戸の損害を出したそうである。

中でも青山《あおやま》界隈は被災率が高く、九割以上が焼けたのではないかといわれている。

――この話を書こうとしはじめてから盛んに家鳴りがする。と、一文書いた途端にパソコンのワードの画面がフリーズした。考えてみれば、表参道駅からほど近いうちのマンションのある辺りも焼野原になったわけである。

尻の下におびただしい亡骸《なきがら》を敷いているようなものだ、と想像する。いたずらに屍者の記憶を呼び覚まそうとする試みに、何者かが警告を発しているのかもしれない。そう思うそばから、合理的な思考が「そんな馬鹿な」と妄想を打ち消しにかかる。胸の裡《うち》で過去と現代とが苦しくせめぎ合う――。

「五月二十五日の善光寺の山手空襲慰霊法要に行った帰りがけに、表参道の通りを挟んでお寺の向かい側にある銀行に立ち寄ったとき、入り口から建物の中に入った直後、後ろから『入れて』と叫ぶ声がしました。驚いて振り向くと、誰もいないし、何も変わったことはありませんでしたが、フッと鉄板で肉が焦げるような臭いがしました」

表参道で遭った怪異について語ってくれた高木文江さんは私と同い年だが、表参道界隈が空襲された日のことは当時被災した祖母から聞いていた。この空襲で親戚も何人か亡くしており、毎年、慰霊法要に参加していた祖母が先年亡くなったので、仕事や家庭に縛られておらず最も身軽な文江さんが一族を代表して来ていたのだった。

「ATMでお金を下ろして銀行から出るときに、また厭な臭いを嗅いだと思ったら、足首を誰かに掴まれて、危うく転びかけたんです。よろけて、前から歩いてきた人にぶつかってしまいました。すみませんと謝ったら『ゆるさない』といわれたので、びっくりしてその人の顔を見たら……」

赤黒く焼けただれて皮がめくれていたのだという。

「たぶん私は物凄い悲鳴をあげたんじゃないかと思うんです。一瞬わけがわからなくなって、気が付いたときには倒れていて、銀行のガードマンに助け起こされてました」

文江さんは恥ずかしかったので、ガードマンに礼をいうと急いでその場から離れた。

「それから原宿駅の方へ向かって、表参道を歩いていったんですが、途中で掌にべったりと煤のようなものがついていることに気がついたんです。銀行の前で倒れたときに地面に手をついたから汚れたんだろうと思って、トイレで手を洗おうとして手近なビルに入りました」

そこは表参道沿いに建つ大きな商業ビルで、建物の内部中央にエレベーターを囲むように吹き抜けがある。

「吹き抜けからゴーッと音が聞こえてきました。前に来たときにはそんなことはなかったので、なんだろうと思いながら三階のトイレに行って手を洗ったんですが、汚れがなかなか落ちないんです。タールか何か、油性の汚れみたいに。石鹸で一所懸命に洗って、最終的には綺麗になったんですけど、その間も、まだゴーッと聞こえるから、これはきっと耳鳴りみたいなものなんだろうと……。でも、なるべく気にしないようにしようと思ってビルの外に出ると、ますます音が大きくなって、しかもそれって川の水音のようだったんですけど、あの辺りに川なんかありませんから。やっぱり耳鳴りなんだろうと思いながら、原宿からJRに乗って家に帰りました」

不思議なことに、原宿駅《はらじゅく》から電車に乗ったときから音は聞こえなくなった。

文江さんは帰宅するとすぐに、トートバッグから祖母の遺影を入れた小さな額を取り出して、仏壇に戻した。そのとき、額のガラスの表面が黒く汚れていることに気がついた。

「手についていた汚れと一緒でした。でも、あのとき遺影の額を触ってなんかいないのに。あれぇ？と思いながら、バッグの中を見てみたら、あちこちが煤《すす》みたいなもので汚れてしまっていました。ハンカチや化粧ポーチや何かも。だけど汚れるような、思い当たることが何もないんです。気味が悪くて……捨てられるものは、そのときみんな捨ててしまいました」

文江さんは仏壇に向かって、いつになく熱心に手を合わせたのだという。

「お祖母《ばあ》ちゃんだけじゃなく、皆さん成仏してくださいとお祈りしました」といって文江さんは苦笑する。「仏壇は家にあるけど私は全然信心深くないし、自分は無宗教だと思ってます。でも、善光寺で空襲の話を聞いたばかりでしたから、大勢亡くなった上を歩いて通ってきたんだなぁとか、みんなもっと生きたかったはずだよなぁとか、ごちゃごちゃ考えて……。お祈りしないと収まりがつかない気持ちでした」

それからは何事もないが、また五月二十五日になったら「何か起きそうな気がする」と文江さんはいう。

表参道《おもてさんどう》の交差点の、現在、某銀行が建っているところには、空襲があったその日まで、安田銀行青山支店があったのだという。天井が高い二階建てで、表参道の通りを挟んだ向かい側にある三階建の山陽堂《さんようどう》書店と同じく、この辺りでは珍しい鉄筋コンクリート造りの堅牢《けんろう》な建物だった。

当時は周辺の人家や商店は軒並み木造の平屋や小さな二階建て。鉄筋建築はまだ珍しかったのである。また、この二軒は現在より建坪が大きかった。昭和三十九年の東京オリンピックに伴い、国道二四六号線の拡幅工事が行われ、沿道の建物はどれも敷地を削られたのだ。昭和六年に建った山陽堂書店の建物は、それまでは現在の三倍の規模だったという。

昭和二十年五月二十五日のその夜、この辺りには焼夷弾が驟雨《しゅうう》の如く降り注ぎ、家を焼け出された周辺住民は、鉄筋の建物に殺到した。

山陽堂書店は扉を開けて被災者を受け容れ、そのため百人超の命が助かったという。しかし安田銀行は堅く扉を閉ざした。夜間のことで、建物内部には守衛などのごく限られた人しか居なかったであろうことや、人々の財産を責任を持って預かる銀行の使命を鑑みれば、致し方なかったのだろうと理解できるが……。

銀行の壁に沿って、二階の窓の高さにまで焼死体が積み重なっていたのだという。死体によじ登ってでも窓から入ろうと試みたのか、それとも爆風で吹き寄せられたのか……。

入り口の前はさらに凄まじく、焼け焦げた屍者の山が扉を覆いつくしていたそうだ。

地獄の一夜が明けてみると、表参道の欅《けやき》並木、ことに安田銀行のある交差点に近い辺りの木は炭化した根本を残すのみで消えていた。百四十一本の並木がすべて真っ黒な消し炭と化した幹のみになり、参道は焼夷弾の油脂と焼死体で埋め尽くされていた。

空襲の翌日は、澄み渡った五月晴れで、平坦な焼野原の上に青い天蓋が広がっていた。

この被災の体験談を集めた『表参道が燃えた日　――山の手大空襲の体験記――』というう自費出版書籍を読むと、惨劇のさなかに美に不意打ちされた体験を語る人が多いことに気がつく。それは晴れ渡った五月の空であり、若葉の間に輝く飛び魚の群れのようなB29の機体であり、黄燐《おうりん》油脂焼夷弾が上げる狐火のような青い炎であり、火焔《かえん》に照らされた満開の白い小手毬の花だ。

焼けた人の脂が道を覆っていたという記述ですら、そこに「網の目のような」という形容を付けて、どこか幾何学的な美しさをたぶん無意識に生じさせている。

生き延びた子供らに、同じく生き延びた小学校の教師が「人の跡を踏まないように」と諭す。しかし網目状の人脂の跡は延々と続き、踏まぬのは至難の業なのだった。

その子供らの目の前で、トラックで表参道にやってきた兵士たちが、安田銀行の前に積み重なった焼死体をスコップで荷台に投げ込んでいた。

銀行の外壁には人の手型が無数に付き、血と脂が深く染み込んで、それらの染みはいくら洗っても消えず、建て替えるまで残っていたのだという。

表参道交差点に建つ石灯籠の周囲でも大勢の人が亡くなった。この石灯籠の台座には、今でも焼夷弾がかすめたときの傷跡が残っている。また、ここにも血と脂による黒ずんだ染みが残っていたといい、今も完全には消えていないということだ。

先述した銀行とその周辺で怪異に遭った文江さんは、祖母から聞いた話であるとして、表参道の石灯籠にまつわるこんな話を聞かせてくれた。

「祖母は生きている頃、けっしてあの石灯籠にもたれかかってはいけないといってました。石灯籠に抱きついたり根本にうずくまったりして少しでも火を避けようとしながら、亡くなった人がたくさんいたので、その人たちと同じことをするのは良くないというんです。縁起が悪いからというのとも少し違って、そうすることで空襲のときに引き戻されそうな恐怖を、祖母は感じていたんじゃないでしょうか。

祖父母が生きていた頃は、私も南青山に住んでいて、小学校でよく怪談話を友だちから聞きました。石灯籠の怪談は、人型の染みが浮き出してくるとか、夜になると黒焦げの人が石灯籠の柱の裏からにゅうっと出てくるとかいう、それがどうした？　っていいたくなるような話でしたが、見ると本当に怪しい染みがあるので、近寄るのは怖かったですね」

東京メトロ表参道駅を出て、表参道と青山通り（国道二四六号線）の交差点のすぐ側に《善光寺《ぜんこうじ》》という寺がある。この寺では、毎年五月二十五日十三時から、山の手大空襲慰霊法要が執り行われる。文江さんはこれに、亡くなった祖母に代わって参加したのだ。

山門の石柱に「信州善光寺別院　南命山《なんみょうさん》　善光寺」と山号と寺院名が記されているのを見れば、ルーツは長野県の日本最古の仏像「一光三尊阿弥陀如来像」を本尊とする善光寺であると知れる。東京都港区北青山三丁目のこの寺は、宝永二年（一七〇五年）に、それまであった台東区谷中からこの地に移転され、以来、青山・表参道の変遷に立ち会ってきた。

当時はあった青山通りの濠《ほり》も、文江さんが耳鳴りのような異音を聞いた辺りを流れていた穏田川《おんでんがわ》も、亡骸でいっぱいになったというが、どちらも今の景色からは失われて久しい。

暗渠《あんきょ》となった川の存在を、足もとに意識する。

すると、死屍累々《ししるいるい》とした表参道の惨状が幻のように立ち現れてくるのだ。

おびただしい亡骸が山積した上に私は腰かけて、語り部の声に耳を傾け、過去を調べては夢想を巡らす。

しかし生きているとは、本当は誰しも、こういうことなのではないか？　つまり、屍者を踏んでしか、我々は生きられないのでは——。

三枚襲・黒

「近頃は本を書いてるんだって？　えらいねぇ」

法要の前に、式後の御斎《おとき》の支度を手伝っていると、父方の叔母のうちの一人が話しかけてきた。この人は庫裏《くり》に半世紀も住んでいる。庫裏というのは、ここの宗派では、台所や書庫も含めた寺とつながる居住空間を指す。つまり御香の匂いがいたるところに染みついた庫裏と寺だけが彼女の宇宙である。

叔母は初めの一語「近頃は」に力を込めたが、皮肉半分、憧れ半分といったところだろう。

「全然えらくないですよ」と私は苦笑してみせた。

「それより、真知子《まちこ》叔母さんを呼んだって聞いたんですけど、本当ですか？」

叔母は顔をくもらせた。

「呼ばないわけにいかないじゃないの。ホントなら次は二十三回忌で、そん次が

二十五、そのまた次が二十七回忌だけど、十七回忌からあとの三回はやらないところの方が今時は多いから、うちも他所《よそ》に倣《なら》うって、ご院家《いんげ》さんが決めてしまったんですもの。そうなると次回は三十三回忌ってことになるから、全員集まれるのは、きっとこれが最後よ」

母が私を説得したときとそっくりな台詞《せりふ》を叔母は吐いて、温度の低い視線であたりを撫でた。

「お義母《かあ》さんの三十三回忌のときには、半分以上、死んでるわね」

叔母につられてあたりを見回し、私たちがいる寒々しい板敷の厨房や続きの座敷にてんでに散らばった親族たちを目に収めて、思わずうなずきそうになった。が、良いタイミングで柱時計が午前十時の鐘を鳴らして、私を我に返らせた。

平成二十六年の三月初旬のことだ。あのとき、私の亡き祖母の生家には、喜寿《きじゅ》より上の血縁者が二十何人か集まっていた。それの子の世代は四、五十代で、私を入れて十人ばかり。そして叔母たちの孫の代、つまり私の子供の代は、わずかに三人しかいなかった。

先細りという言葉が頭に浮かんだ。

私のように連れ合いや子供を伴ってこなかった者もいるのだろうが、全体に参加率は高く、それだけに乾いたような年寄りが多いことがわかり、間近に迫った一族の終焉《しゅうえん》が実感できた。

やはり、思い切って来てよかったのだ。出奔放浪裸商売バツイチと聞こえの悪い過去を引き摺《ず》る私は、親戚連中の好奇の目に晒《さら》されるのが厭さに、祖母の法要には、最初の葬式を除き、これまで参列してこなかったのだ。

今回に限り母の説得に負けたのだが、負けた理由は叔母が述べたとおりである。

「でも、真知子叔母さんは相変わらずなんでしょう?」

「そりゃあね。でも、病院が外出許可を出したんだから……。それに送り迎えに法務員さんを付けて、タクシーでドア・ツー・ドアなのよ。だから心配するなって、ご院家さんが」

ならば仕方がない。私は「そうですか」と引きさがり、手もとにあった塗りのお膳を持っていた布巾でむやみと拭いた。「適当でいいのよ」と叔母はいった。

「古いんだから、きれいにするにも限界があるわ」

古いというなら、この寺そのものが古い。庫裏も、庫裏と廊下で繋がった阿弥陀堂《あみだ》も、内は隅々《すみずみ》まで飴色に磨き込まれているものの、外側は屋根に戴いた瓦の色が滲《にじ》んだかのように墨色に煤《すす》けて、遠目には岩山にも似て、敷地を囲む雑木林にしっくりと馴染《なじ》んでいる。

しばらくすると、さっき話しかけてきた叔母のつれあいの叔父が呼びに来た。「みんな、そろそろ阿弥陀堂に」そう呼ばわった声は私の父にそっくりである。

叔父は声ばかりか顔も父とよく似ている。実の兄弟なのだ。しかし叔父は祖母の姉——叔父から見れば母方の伯母——の養子になったので、父とは姓が違う。祖母の姉は、先代のご院家、つまり住職の妻だった。寺の跡継ぎがなかったので甥っ子を養子にしたわけだ。

ところが、叔父は周囲の思惑に反して寺を継がなかった。そのため先代のご院家夫妻は、もうひとり親戚から養子をとった。それが現在のご院家である。

血縁者の間で養子にやったりとったりすることと近親婚は、私含め父方の一族の昔からの習わしで、叔父と叔母は「はとこ」同士、死んだ祖父母は「いとこ」同士。祖母が本家の次女で、祖父が分家の次男……と他所《よそ》の人に話すとたいがい目を白黒される。しかも、ここの寺の宗派では、住職はご院家、住職の妻は防守《ぼうもり》などと寺での役職の呼び方も変わっているうえ肩書きで呼ぶことが多いので、余計にわけがわからなくなる。

私も、学生の頃、当時はまだ独身だったご院家に引き合わされ、お互い気に入れば結婚することを考えてお付き合いを、と父方の大叔母と祖母に勧められた。そのまま結婚していれば私は今頃、「防守さま」で、血縁上の父方の叔父と「きょうだい」になっているところだ。そして、今のご院家と私も、どこかで血が繋がっている。

――《家》の外に《血》を出さないように。

この不文律の戒《いまし》めが生まれたのはいつの時代か。何百年も続いてきたことは確かだが、その歴史は終わった。父には真知子叔母の他にもう一人、妹がいるが、その叔母も父も、私も、私の妹も、いとこたちも、血縁者と番《つが》わなかった。

因習を断ち切らねばならないことは、誰の目にも明らかだったのだ。

濃すぎる血は祟る。早逝《そうせい》する者、心身に障碍《しょうがい》を得て生まれてくる者が、一族には少なくなかった。今もまだ祟っている。私のいとこのうち二人は子供のうちに死に、二人が心身に障碍を持っている。死産や流産も多い。

先に私と叔母が話題にしていた父の妹の真知子叔母も、おそらくは濃密な血の犠牲者のひとりである。

長年、気を病んでいるものとされ、病名が二転三転してきたが、最近になり、脳におそらく生まれつきであろう異常があることが発見されたのだ。

玄関の方がにわかに騒がしくなり、真知子叔母たちが到着したのだとわかった。見にいくと、黒留袖《とめそで》を着た真知子叔母が、法務員と私の父と叔父に脇と後ろの三方をがっちりと囲まれて、廊下の奥に立っていた。

「あぁら、こんにちは。ご無沙汰してますぅ。真知子ですぅ」

どこか箍《たが》が外れたような口調で私に挨拶した叔母は、顔だけは三十年前に見たときとほとんど変わっていなかった。

血族婚のこれもひとつの効果なのか、一族には美形が多い。叔母もそうで、六十を超えただろうに、いまだに美貌の人である。

しかし首から下は年齢以上に老けているようで、腰が曲がり、立っているのも辛そうなようすだ。法務員に杖を持たせ、父と叔父に両手を取られて、そろりそろりと歩いてくる。

「自分で着てきたの。どうかしら?」

着物のことだろう。入院生活では着る機会は滅多にないに違いない。正直かなり着崩れていたが、私は「大丈夫ですよ」と答え、真知子叔母が不機嫌とも不安そうとも取れる無表情を崩さないのを見て、急いで、「素敵なお着物ですね」とつけくわえた。

すると、「お母さんが縫ってくれたの」と真知子叔母はまるで昨日のことのようにいった。

自慢そうな表情が、十かそこらの幼い少女のそれで、若々しいとはいえ、よくよく見れば肌が皺《しわ》ばんだ顔とは、ひどくちぐはぐだ。

「三枚襲《さんまいがさね》の黒引きの袂《たもと》を切って、仕立て直してくれたの。赤いのと白いのもあったんだけど、いつの間にか誰かに盗まれてしまったのよ」

「そうなんですか。それは、お気の毒です」

「誰が盗《と》ったの? あなた?」

真知子叔母の目が据わりだしたので、私は慌てて否定した。

「いいえ！　私じゃありません」

咄嗟《とっさ》に今までに真知子叔母がやらかした数々の事件が頭をよぎり、背筋が凍る。

「そぅお？」

「ええ、ええ！　違いますよ！」

「そう……。そうよね、あなた外国に行ってたんだものね？」

それは二十年以上も前のことだが、真知子叔母の頭の中では時系列が解体され、過去と現在に違いが無いらしい。勝手に納得して、矛《ほこ》をおさめてくれた。

「じゃあ誰かしら？　あとで探すの手伝ってちょうだいね。きっとこの家にあるのよ。私にはわかるんだから……」

壁に背中を付けて真知子叔母たちを通らせ、廊下をもつれあいながら進んでいく四人を見送った。法務員は軽く会釈をよこしたが、父も叔父も私の方を振り向かなかった。

先へ行くほど暗い廊下で、遠ざかるほどに真知子叔母の着物の裾模様が目についた。

黒地の友禅《ゆうぜん》染めに金糸で刺繍《ししゅう》がほどこされた白砂青松《はくしゃせいしょう》の、輝かしい絵羽《えば》である。おはしょりが落ちてぞろりと裾を引きずっているせいで、絵柄に合わせたわけでもあるまいに、衣擦《きぬず》れの音が一足ごとに潮騒を奏でた。

思わず見惚《みと》れていると、波が寄せてくるように昔のことを想い出した。


「これで袋を縫ってごらん」

祖母に手渡された縮緬《ちりめん》の布は、掌《てのひら》に溶けて染み込むんじゃないかと思うほど柔らかかった。目の前には、松林と白砂の海辺が描かれた黒い着物があった。

私は六歳。頃は……偶然だが、このときも、祖母の十七回忌と同じ、三月の初め頃だった。あと三週間ぐらい先、遅くとも小学校の入学式の前日までには、両親が私を迎えにくることになっていた。三つ下の妹は病弱で、引っ越しと妹の世話が重なったために、両親は、私を一時、世田谷の祖父母のアパートに預けることにしたのだった。

私は手のかからない子供だった。仕事をする祖母のそばで、日がな一日、大人しく座っていられた。絵本とぬり絵、そして縫物さえあれば。

「綺麗な絵がついたお着物だね、お祖母《ばあ》ちゃん。でも、お袖を切っちゃったの？」

「引き振袖《ふりそで》だったからね」と祖母は応えた。私がわからないでいると、「おはしょりをしないで、裾を引き摺って着る振袖の着物のことさ」と説明してくれた。

「お袖も裾も長いの？　素敵だねぇ。お姫様みたい！」

「ふん。そうかもしれないけど、一度着たあとは死ぬまで箪笥《たんす》の肥やしだよ。だけど留袖にすれば真知子が何かと着るだろう。どうして今まで誰もこうすることを思いつかなかったのかね……。お寺の老坊守さんを知ってるだろ？　曾祖母《ひぃばぁ》ちゃんのことさね。あの人が結婚式のときに着た三枚襲の上着なんだよ」

「《さんまいがさね》？」

「三枚のお着物を重ねて着る、婚礼衣装のことだよ。昔、いいおうちの花嫁さんが着たの」

「ふうん。じゃあ、これも昔のなんだね」

　真知子叔母が結婚したのは昭和四十七年のことだ。あのとき真知子叔母は三枚襲ではなく、普通の白無垢とウェディングドレスを着ていたと私は記憶している。

　しかし、真知子叔母が誰かに盗まれたといっている赤と白というのは、三枚襲の婚礼衣装の中着と下着のことだ。白無垢の下に三枚襲の中着と下着を着ていたのかもしれないが、今となっては真知子叔母に訊く以外に確かめるすべはない。

三枚襲は、地方によって違うが、多くは、いちばん外に黒い上着、次に赤い中着、その次に白い下着を重ねて着るものだという。三枚とも高価な絵羽模様の振袖で、明治時代から昭和の始め頃にかけて裕福な家の婚礼衣装として人気があり、「三襲《みつがさね》」とも呼ばれた。

祖母は、嫁いだ娘のために、三枚襲の黒い上着の振袖の袂《たもと》を切り落として、留袖に仕立て直していた。

頭の調子があやうい娘の結婚生活の無事を願ってのことだったのではないか。少女の頃から縫い針を操ってきた祖母の祈りは、自然、着物の形を取ったのだろう。

祖母は自身の仕事を「縫い子」と呼んでいたけれど、正確には彼女は針妙《しんみょう》、あるいは和裁士と呼ぶべき伝統的な着物の職人で、和裁技能士一級の国家資格を持っていた。

祖母に教えられ、私は六つで、すでに運針は上手にできた。半返し縫いやまつり縫いも、祖母に教わるそばから覚えた。

「あんたにはお針の才能がある。大きくなったら和裁の学校に行って、資格を取ったらいい。針一本で、一生、食べていけるよ」

「お祖母ちゃんも学校で習ったの？」

「お祖母ちゃんはお弟子になって修行した。資格を取ったのは五十近くなってから。取引先から勧められて検定を受けたのよ。お祖父《じい》ちゃんは甲斐性なしで、時代もどんどん変わったけど、お針のお陰でなんとかやってこれた。あんたも縫うのが好きなら頑張るといい」

私は張り切って運針の速度を上げ、上げ過ぎて手先が狂い、針の先で指を突いた。絹針は洋針に比べて硬く鋭い。思いがけず深く刺さり、針先が抜けると、目に見えないほど小さな傷口に真っ赤な血の珠がみるみる膨らんだ。

べそをかいた私を慰め、手当しながら、祖母は、針がいかに恐ろしいかわからせるために、こんな話をした。

お祖母ちゃんが十五か十六のとき、一緒に修行していた同い年の女の子がいて、その子が仕事中に絹針を一本うっかり落としてしまったの。すぐに探せばいいものを、急いでるからって、別の針で縫物を続けた。それで、一段落ついたときに立ち上がったら、落とした針をかかとで踏んづけた。

チクッとしたんだろうね。アッと悲鳴をあげて、屈みこんでね。すぐに針を引っこ抜いた。そして、よく見もせずに、かかとから抜き取った針を瓶に捨ててたよ。憎たらしそうに、『悪い針め』って悪態をつきながらね。

ところが、しばらくしたらお祖母ちゃんたちの目の前でばったり倒れて釣った魚みたいにのたうちまわったかと思ったら、泡を吹いて動かなくなってしまった。

苦しみ方が普通でなかったから、お祖母ちゃんたちはみんなでしがみつきあって、作業場の隅っこに固まって震えてた。そのとき表のお店の方にたまたま来ていたお医者さまがすぐに呼ばれて、みんなが見ている前で倒れた子の着物の前をはだけて、胸を裸にした。

お医者さまは、人工呼吸や心臓マッサージをしようとしたのさ。でも、その頃のお祖母ちゃんたちはそんな知識がなかったから、接吻したり、何かいやらしいことをしたりしてると勘違いして、ドキドキしながら黙ってた。

すると、突然、女の子の胸を押してたお医者さまが『あ痛っ』と叫んで、手をどけた。そして先生ってお祖母ちゃんたちが呼んでたお師匠さんに、『毛抜きはありますか？』っていったのが聞こえたから、お祖母ちゃん、すぐに自分の糸抜きを取ってきてお医者さまに差し出したの。お裁縫で使う糸抜きは他のことに使っちゃダメだと教えられてたけど、そんなことといってる場合じゃないだろ？　先生も叱らなかったよ。

そしたらお医者さまが、自分の掌《てのひら》から、糸抜きで何かを抜き取った。『これが胸の中から飛び出してきた』っていって、先生が持ってきた晒《さらし》の上に、そいつを落とした。

何だったと思う？　先生は『針の先ですね』といったよ。お祖母ちゃんも見て、そうだと思った。

踏んづけたとき、絹針の先っぽがポッキリ折れて、足の裏から血管に入ったんだろうね。それが血の流れに乗って心の臓にまで来て、女の子を殺したあげく、胸の皮を破って飛び出してきたんだろう。

日本の針は、メリケン針みたいにグニャグニャ曲がらない。ポキンと折れるくらい硬いのが、良い針なんだ。おまけにうんと鋭いから、刺さってもあんまり痛くない。とくに絹を縫う針は。

だから、針を落としたらすぐに拾うこと。絶対に放っておいたらダメ。

針は人を生かすし殺す。尊くて怖い。折れた針も粗末にしないこと。ちゃんと蓋のついた容れ物に二月八日の事始めまで取っておいて、針供養に持っていくの。

……あんたの指を刺した針をよく見てごらん。先が折れていないかい？

さんざん泣いたから、四十何年経っても話の隅まで憶えているのである。

たった六歳の子供相手に、祖母も人が悪い。

亡くなったのは平成十年のことで、祖母の享年は八十六。六歳上の祖父とは、死ぬまでいがみあっていた。

祖父の父親は東京の浅草に大きな地所を持っていたが、戦前に蕩尽《とうじん》し、祖父は学も職もない怠け者であり、美形の一族の血を継いだにもかかわらず醜貌《しゅうぼう》だったうえ、本家の宗派では禁じられている風水や暦《こよみ》を信じた。次女とはいえ、武州《ぶしゅう》の旧家である本家の娘で、美人だった祖母は、祖父に嫁がされてプライドが傷ついたのだろう。

不本意な結婚生活が、祖母を針仕事にのめり込ませ、腕利きの和裁士に押し上げたのではないか――。

御斎の昼餉《ひるげ》のあとで、三々五々、一族の墓所に参じた。この宗派ではこういうときにお線香をあげることはない。ただお参りし、阿弥陀仏に御礼し、せっせと墓地を掃除する。俗信を廃する教えに沿うならば、本来は墓に固執するのもいけないことなのだ。然《しか》しながら、本家分家の一同が納まる墓所はあり、しかもそれは石塀で門徒衆の墓地と隔てられたまま、何百年と黙認されつづけている。

地衣類《ちいるい》を毛のように纏《まと》った石塀でくくられた百坪ほどの土地に、ぎっしりと墓石が立錐している。どの墓石にも「南無阿弥陀仏」あるいは「倶會一處《くえいっしょ》」と彫られている。姓は墓石の二段目にあり、卒塔婆《そとば》は無く、故人の法名は墓の隣の法名板《ほうみょうばん》に記される。

一家族がひとつの墓に納まるのが基本だが、祖母の墓は、祖父の遺骨がその父母や兄のそれとカロートに入っている分家筋の墓石とは別のところにあるのだった。

一族の石塀の一角に、祖母と祖母の姉である大叔母は金を出し合って立派な墓石をそれぞれ買い、並べて建てた。祖母も大叔母も離婚していないのに、だ。祖母が七十ぐらいの頃のことである。

本家の娘たちは、老いて、ある種の反乱を起こしたのである。

血の宿命に逆らった謀反だと気づいたご院家は、これを黙認した。

仲がいい姉妹だった。大叔母の実子は幼いうちにみんな死んだので、祖母は私の父である長男を手もとに残して、次男を養子にやった。戦時中、祖父が失踪して祖母が苦労しているときは、大叔母が当時小学生だった私の父を預かって面倒をみた。老齢になってからは、よく二人で落ち合って観劇や旅行を楽しんでいた。

死んでからも仲がいい。似たような時期に亡くなり、二つ並んだ墓石の下に姉妹の骨壺がある。そこには魂が無い。往生即成仏《おうじょうそくじょうぶつ》――のはずなのだが、こんなことがあった。

祖母が亡くなり、親族一同で話し合って、祖母の骨を分骨して、婚家である祖父一家の墓にも納めようとしたときのこと。

まず初めに、分骨作業をしはじめた途端、御影石で出来た法名板が倒れるという珍事が起きた。

そこで、分骨はしない代わりに、祖母の墓石を、婚家の墓の隣に移動させようとした。するとこんどは、祖母の墓を掘り起こそうとした石材屋の人が、頭に大怪我を負ってしまったのである。

大叔母の墓でも、似たようなことが起きたという。

だから姉妹の墓は、婚家の墓とは分かれて、自分たちの骨を一つ残らずカロートに容れて今に至る。祖母たちの墓には「南無阿弥陀仏」が記されているだけで、苗字は彫られていない。

祖母と大叔母が訴えたかったことは、親族なら誰しも言葉に直さなくとも肌身に染みて理解した。死後に魂が地を彷徨《さまよ》うことなどありえないと説き、迷信を禁じる宗派の教えを知っていても、それはそれ、これはこれである。

つまらぬことは話さず、語らず、みんなで掃除をし、石塀の中に散らばって銘々の家の墓石を拭き清めていると、とっくに法務員が病院に送っていったはずの真知子叔母が黒いアゲハチョウみたいに黒留袖の袖や裾をひらひらさせて走ってきた。どうしたことか、曲がっていたはずの腰が伸びている。解けた帯をはためかせ、足袋裸足《たびはだし》で迫ってきた。

「嘘つき！　一緒に探してくれるっていったのに！」

盗まれたといっている三枚襲の赤と白の振袖のことだ。そうとわかったが、このうちにそれがあるとは思えない。掴みかかられることを覚悟して固まった。

しかし叔母は私の横を素通りした。

「母さん、私の赤と白の振袖をどこへやったの？　母さん、母さん！」

祖母の墓石に抱きついて揺すぶるのを、父や叔父、他にもそばにいた者が手伝って、数人がかりで引き剥がし、石塀の外へ連れていった。母と私は並んで見送り、見えなくなると、そそくさと清掃の後片付けをして、庫裏に引き揚げた。

真知子叔母のせいで、どっと疲れた。居合わせた者はみんなそうだったろう。

「ああいうときは馬鹿力なのよ」と母がいった。

「お祖母ちゃんにお湯がいっぱいに入った二リットル以上入る大きな魔法瓶を投げつけたことがあったでしょう？　あのとき、お祖母ちゃんも大怪我したけど、真知子さんの手首の骨も折れてたの。自分の体を壊しても暴れるんだから、オバアサンになったからって侮《あなど》れないのよね」

庫裏に住む一家の叔母が、「さあ、お茶にしますよ」と声をかけて陰口を終わらせた。

父や叔父たちは、みんな叔母を送るタクシーに乗って行ってしまい、女が多くなった集まりは緊張感をはらみつつも、それなりに和やかに始まった。

会話はしても、誰も真知子叔母や、それから祖母たち姉妹の墓について、触れようとしない。ところが、しばらくして、いとこの一人が手洗いに立ったと思ったら、すぐに引き返してきて、持っているものをみんなに見せた。

「洗面所にこんなものが落ちてましたよ」

コッペパンのような大きさと形の白っぽい塊《かたまり》から紐が二本垂れたものと、細長い黒い布。

「厭だ。帯枕と帯揚げじゃない。真知子さんのね。あとで病院に届けないといけないわ」

叔母が預かろうとしてそばに行くと、いとこはすぐに渡そうとせず、

「注意してください。うかつに触ると怪我しますよ」

そう警告して、掌を広げて帯枕を叔母に示した。

「ほら……」

途端に、叔母がウワッと叫んでのけぞった。何々、と、私たちみんながいとこの手もとに吸い寄せられて——私も見た。

ナマコ型の帯枕の表面から細い銀の棘《とげ》が数えきれないほど生えていた。どの棘の先にも糸を通す穴がある。

みっしりと突き刺された縫い針の頭たちが、差し込んだ午後の光を照り返してチカチカと冷たく輝いているのだった。

三枚襲・赤

母は和裁はやらなかったが洋裁はセミプロで、私が小中学生の頃には、個人商店や小さなアパレル・メーカーの注文を受けて、自宅で洋服や布雑貨などを作っていた。だから祖母の死後、母が遺された反物や着物で和風の洋服や雑貨をこしらえはじめたのは、ごく自然な流れだと感じたし、和風雑貨や洋服の工房に出入りするようになったと聞いても、別段驚かなかった。七十代にして、趣味と実益を兼ねる仕事を新たに手にするチャンスなど滅多にない。私は母のために喜んだ。

祖父母が八王子の我が家に来て、私たち家族と同居するようになったのは昭和五十一年のことで、それからずっと二十年以上も、母は二人に献身的に尽くしてきたのだ。

祖母が亡くなって二年後の平成十二年、祖父も九十二歳で逝った。祖父母が使っていた一階の八畳間が空くと、母はそこにあった押入れや箪笥をいったんすっかり空にして、中にあったものを整理した。

ようするに遺品整理をはじめたわけだが、その頃、母は奇妙なことをいっていた。

「出しても出しても、着物や反物が出てくるのよ」

最初は、単に祖母が遺した布類が膨大にあるという意味だろうと思っていた。

しかし、よくよく話を聞いてみるとそうではなく、押入れにあった祖母の衣装ケースから中身を取り出してよそに移しておいても、一晩経つと、また中に着物がいっぱいになる。初めは気のせいだと思っていたが……という話だった。

「それは、初めだけじゃなくて、いつまでたっても、気のせいなんだよ」と私は笑った。

祖母は十五、六の頃から八十六で死ぬ直前まで針と糸を手放さず、和裁士として生きた人である。本人も朝から晩まで着物を着て過ごし、取引先から要らない端切れや新古品を貰うことも多かったので、遺した着物や布の類は並や大抵の量ではなかった。

そのうち母がおかしな愚痴《ぐち》をいわなくなり、半ば仕事で半ばは趣味の和風リサイクル品制作に夢中になりだすと、私は、あれは遺品整理に疲れた母の勘違いだったのだと信じて疑わないようになった。

瞬くうちに月日が過ぎた。それから十六年後に行われた祖母の十七回忌が終わった翌年、平成二十七年の夏のこと。盆の入りの頃に実家に遊びに行くと、母が「見てもらいたいものがある」という。

そして自分の作業部屋にしている玄関脇の四畳半に私を連れていき、押入れを開けて、高さ六十センチあまりの深型の桐《きり》の衣装ケースを引っ張り出した。

ケースの蓋を開けると、きつい樟脳《しょうのう》のにおいが立ちのぼった。袖畳みにして畳紙《たとうし》に包んだ着物を二つ並べて、八分目まで積み重ねてある。いちばん上に載っている二つを開けてみたら、黒っぽい紬《つむぎ》と鉄色の江戸小紋《こもん》で、どちらも見たことがあるような気がした。

「お祖母ちゃんのよ」と母がいうので、まだ残っていたのかと驚いた。

いくら大量にあったといっても、祖母が逝って十七年にもなるのだから、使い切っていそうなものだ。ましてや母は裁縫については素人ではなく、布地を消費する腕があり、その気になればさばく伝手《つて》もいくらでもある。

「良い着物だけ取っておいたの?」

江戸小紋は格の高い鮫《さめ》文様、紬は上品な柄行の泥大島《どろおおしま》で、どちらも競売にかければ高値で売れそうな品だ。そこで思いついた質問だったが、母は首を横に振った。

「違うのよ。そういうわけじゃないの。何枚か出しても、しばらくすると、またこのぐらいの量に戻ってきて、なくならないの」

「そんな馬鹿な。全部、他所《よそ》に移してみたらどう？」

「それはもう何度かやったけど、いつの間にか、また……」

到底、信じられない。まさかとは思うが、母は、少しぼけてきているのではないか。

不安になった私は、もういっぺん衣装ケースを空にしてみようと提案した。

母は渋々うなづいた。「ちょうど、同じくらいの大きさで空いてるプラスチックの衣装ケースがあるから、そっちに移してみるわ。あなたも手伝って」


良い品を取り置いたわけではないといった母の言葉は正しくて、上に載っかっていた二枚をのけると、木綿やウールの、化繊や混紡の、はては継ぎが当たった着物が現れた。

「昔の人だったから、そこまでやるかってぐらい、とことん着てたものねぇ」

あらためて感心したというふうに母がいった。

たしかに祖母は、手が空いたときは必ずといっていいほど、自分の着物の手入れをしていた。昭和四、五十年代の当時としても時代錯誤な火鉢で温める式の火熨斗《ひのし》をかけたり、傷んだところに継ぎを当てたり、八掛《はっかけ》を交換したり。

呉服店や顧客から注文を受けて祖母が手掛けるのは華やかで贅沢な着物が多かったが、衣装ケースの中にある着物は総じて地味で、祖母の普段着であることが察せられた。樟脳臭い着物を広げたり畳んだりしているうちに、羊羹《ようかん》色の着物に侍《さむらい》結びにした半幅帯《はんはばおび》という姿で座布団に鎮座し、せっせと手を動かしている在りし日の祖母の姿が、ありありと頭の中に蘇った。黙々と縫って、縫って、ただ縫っていた、その姿が。

「お祖母ちゃん、あなたが生まれたとき、まだ五十四か五だったのよ」

何を思ったか、母が昔語りをしはじめた。山葵《わさび》色の色無地を畳みながら。

そんな良い着物がまだあったのかと思いながら、話を聞く。

「その頃は、まだ艶っぽくて凄く綺麗で、真知子さんとそっくりだった。真知子さんの方も、顔つきまでおかしくなる前で、可愛らしくって」

「真知子叔母さんのあれ、いつから始まったの？」

「あなたが生まれた頃にはもう通院してた。でも、一段と悪くなったのは結婚してからじゃない？　とくに、二人目を妊娠してから」

そうだった。真知子叔母の第二子は男の子で、首もすわっていないのをうちで預かったのだった。その頃私はまだ小学生だった。母と祖母が粉ミルクで育てたあの愛くるしい赤ん坊は、十いくつかで死んだ。最後まで母親を恨みながら。「あいつを見舞いにはこさせないでくれ」　それが少年が最期に遺した言葉だった。

——おや？　喪服が出てきた。これは他とは分けておこうかしら。

桐の衣装ケースから出した着物を広げて、虫喰いがないか点検し、畳み直す。単調な作業は会話の妨げにはならず、むしろ母と私に途切れ目なく言葉をつむがせた。

「包丁を持って子供たちを家じゅう追いかけまわす事件を起こして、措置入院になって離婚して。旦那さん、真知子さんと離婚すると同時に、分寺のご院家を辞めたのよ」

「知ってる。前に本寺の叔母さんから聞いた。離婚からしばらくして再婚したら、次の奥さんも真知子叔母さんみたく精神科にかかるようになって、自殺しちゃったんだってね」

「偶然だと思う？　真知子さんは未遂だったけど、再婚相手も自殺したって聞いてから、お祖母ちゃんたら、あの人は青髭《あおひげ》だなんていうようになって……」

シャルル・ペローが書いた童話『青髭』に登場する男、青髭は、妻を娶《めと》っては殺し、亡骸《なきがら》を秘密の小部屋に隠していた。

あるとき彼はまた新しい花嫁を迎え、そして、しばらく留守にするといって鍵の束を妻に託すのだ。「ここにある小さな鍵の小部屋にだけは絶対に入ってはいけない」といいながら。

「偶然だよ。そんなことといったら可哀想。真知子叔母さんとはお見合いだったんだもの、叔父さんの方がお祖母ちゃんたちを恨んだって不思議じゃなかった。騙されたようなもんじゃないの」

「まあね。あの人、真知子さんにお見合いの席で一目惚れしたんだって」

母は、若い娘らしい華やいだ振袖を手に取った。「あ、真知子さんの」と小さく独りごちる。鳥の子色の縮緬に花車の吉祥《きっしょう》文様の友禅だ。

「なにしろ真知子さんは、びっくりするくらい美人だったでしょう?」

振袖をいっそう丁寧に畳みながら、母は話をつづけた。

「それに、おしとやかで、ちょっと翳《かげ》があって、はかなげで。心底、好きだったんだと思う。だからきっと、次の奥さんにも、真知子さんみたいな人を選んじゃったのよ」

「青髭とは大違いじゃない。ただもう、気の毒なだけで」

青髭の年若い妻は好奇心に抗《あらが》えず、夫から禁じられた小部屋の鍵を開けてしまう。そこには惨《むご》たらしく殺されたかつての妻たちの亡骸があった。彼女は驚きのあまり鍵を取り落とす。床は血の海。鍵は女たちが流した血にまみれ、その赤い穢《けが》れが染みついて、拭いても擦ってもなぜか落ちないようになるのだ。

赤く穢れた鍵を見て、帰ってきた青髭がいう。「あの部屋に入ったな?」

「あれ、赤いのがある」

母が赤い振袖を取り出した。ずるずると引き出された裾は竹文様の絵羽だ。これはもしゃ婚礼衣装なのではないか、と思っていると、梅の描かれた白い内着を、こんどは私が手にしている。

白に梅。赤に竹。

黒地に白砂青松の裾模様の着物を、真知子叔母が祖母の十七回忌のときに着ていたことを想い出した。

「これとその赤いやつ、たぶん真知子叔母さんが盗まれたっていってた三枚襲《さんまいがさね》の引き振袖の赤と白だよ。お祖母ちゃんが持ってたんだ……」

本家に伝わる婚礼衣装を祖母に譲ったのは、本家に留まった大叔母――祖母の姉で当時の防守《ぼうもり》――であろう。大叔母の養子息子である叔父は、真知子叔母より先に結婚している。だから三枚襲は、本家ではしばらく用済みになっていたはずなのだ。

真知子叔母には姉がいる。私の父にとってはすぐ下の妹であり、祖母にとっては長女ということになるが、この人は祖母とは水と油といっていいほど仲が悪かったようだ。彼女は就職するや家を出て独立し、恋人をつくり、両親を説得して結婚を認めさせ、六十年代のその頃から一般的になってきた西洋式の結婚式を挙げたと聞いている。

そういうわけで、真知子叔母しかいなかったのだ。祖母が、代々伝わる三枚襲を着せることができた娘は。

もしかすると、大叔母も結婚するときにこれを着たのかもしれない。

祖母は次女で、本家から外に出されるので着られなかった。祖母は、三枚襲を纏《まと》った姉の晴れ姿を眺めて羨《うらや》んだのだろうか。

羨ましく思っていたから、機会が巡ってきたときに、自分の娘に着せることにしたのかもしれない。

「これ、どうするの？　真知子叔母さんに知らせるの？」

「それはない。でも、うちに置いておいてもねぇ。お寺に知らせて、どうしたらいいか訊いてみる」

母がいう「お寺」とは本家のことだ。あの家には現在、二家族が住んでいるが、母が連絡するのはご院家や防守ではなく、決まって父の弟の連れ合いである叔母だった。

「向こうのうちで持っているのが筋だもんね」

白い振袖は、広げてみれば胴裏《どううら》が剥ぎ取られており、表地のちょうど腰のあたりに大きな黒褐色の染みがあった。女であれば誰しも、経血《けいけつ》の痕跡なのではないかと推測するような位置である。

母がこちらを見やって、「厭だ。汚らしい」と顔をしかめた。

「生理の血かな？」

だとすれば、たぶんそれは真知子叔母のそれなのである。

「うぅ、気持ち悪い。想像したくもないわ。ゾッとする」

「その赤いのも見せて」

母から赤い振袖を受け取って確かめると、こちらも胴裏は剥がされており、注意深く見れば、白い方にあるのと同じ位置に小さな黒ずんだ染みがあった。

血液が付着したままなら、もっと酷《ひど》いことになっている。

思うに、染み抜きは試みられたのだ。ただし成功したとは言い難く、染み抜きが不完全だったため、いったん綺麗になったように見えても、長い間しまいっぱなしにされているうちに同じ所に《黴《かび》染み》が浮き出てきたのかもしれない。そういう現象は、古い着物には珍しくない。

《黴染み》は、皮脂や汗、血液などに含まれる蛋白質を好む菌類による染みで、時間の経過に従い、白から黄色へ、やがては茶から黒へと色が変化し、白い黴染みは取り除くことができるが、黄色より後になると落とせなくなる。

とくに黒ずんだのは、生地を腐食してボロボロにしてしまう。

果たして、白い振袖の染みの左右を掴んで引っ張ってみたら、たいして力を込めないうちから、染みの輪郭に沿って生地に裂け目が生じた。

やはり《黴染み》だ。黴に侵食されて、染みの部分の繊維が弱くなっているのだ。

「こんなの送ったって困らせるだけじゃない？　黙って捨てちゃったら？」

「それも何だか寝覚めが悪い。とりあえず、畳んでしまいましょう」

私なら、こんなものは要らない。たぶん経血の染み、しかも落とせない黴染みになったのが付いた襤褸《ぼろ》である。さらに、おそらくこの着物には因縁めいた逸話が付属している。


私が子供の頃は、お盆のたびに親族一同、本家の寺に集まっていた。その都度、私たちは、まだ存命だった曾祖母から怪談じみた昔語りを聞かされたものだ。

それは明治生まれの自身の体験談で、曾祖母の亡き姑が二十歳そこそこの新妻として登場する、古い古い、こんなお話だ。

——その人は類稀《たぐいまれ》な美貌の女性で、寺の跡取り娘であり、五年前に入り婿を迎えたが、二人は一向に子宝に恵まれない。

父親であるご院家が結核に罹《かか》って先が長くないことがわかり、跡を継ぐ日が迫ってくると、彼女の夫は次第に焦り、やがて嫉妬の妄念に取り憑かれて、明治十八年、大宮駅に蒸気機関車を家族総出で見物に出掛けた折に、彼女を独り道端に捨て置いて、他の者を引き連れて家に帰ってしまった。

そして彼女の帰宅後、彼は納屋で首を括《くく》って苦しんでいるところを寺男に発見されたが亡くなって、当時は寺でもまだ行うことがあった土葬に付された。

埋葬が執り行われた日の夜、丑三《うしみ》つ時になった頃、夫の自死により衝撃を受け狂気に陥った彼女は、夫の蘇生を予言する。果たして、本当に彼は墓場の土にまみれ、爪が剥《は》がれた指先から血を垂らしながら帰ってきた。

しかし魂を墓場に置いてきたかのように虚《うつ》ろで、生ける屍《しかばね》さながら、尋常なようすではなかった。死人に処するように本堂に布団を敷いて寝かせられ、数珠《じゅず》を持たせて、ご院家が阿弥陀経を詠んだところ、再び息を引き取った。

彼女は夫の死後も正気を取り戻すことなく、再婚させられると、狂気の人のまま息子を生した。やがて息子が寺を継いだが、その直後に庫裏《くり》で火災が起きて彼女は死ぬ。逃げることを拒んで炎の中に留まり、家族の目の前で焼け死んだのだ――。

その哀れな女性が結婚したときに仕立てた三枚襲が、この赤と白、そして祖母の十七回忌で真知子叔母が着ていた黒なのではないかと私は思うのだ。

白は梅、赤は竹、黒は松、三枚で「松竹梅」が揃って完成する三枚襲を、母がいう「お寺」が長女のために仕立てたのは、曾祖母の語りによれば明治十八年の五年前だから、つまり一八八〇年ということになる。

三枚襲の発生は江戸時代後期だといわれている。その頃から明治、大正年間を通じて、貝合わせなど夫婦和合を念じる柄や、松竹梅文様など三つ揃って寓意が完成する吉祥柄などを施した小袖（袖口がすぼまった贅沢な長着）や振袖を三枚重ねて着るものが、「三枚襲」あるいは「三襲《みつがさね》」もしくは「三領《みつえり》」と呼んで、全国の富裕層の間で着用された。

発想の基は、同じ型の衣装を重ねることから平安時代からの伝統衣装「十二単《ひとえ》」だと思われる。が、武家社会が確立した鎌倉・室町時代以降の武家の婚礼儀式で習俗として確立された、嫁は白い打ち掛けを着ることや、紅色の着物に着替える「お色直し」をすることが影響しているようだ。三枚襲も、いっぺんに重ねて着るのではなく、お色直しのように、赤黒白を別々に着たとする記録も残っている。
江戸中期に記された『嫁娶調宝記《よめとりちょうほうき》』には小袖を二枚重ねて纏っている女性の絵があり、江戸後期には後の三枚襲と同じ白赤黒の同じ文様の小袖三枚から成る婚礼衣装が着られるようになった。
もっとも、三枚襲は婚礼衣装に限らず、贅沢な着物の着方として近年まで存在していた。泉鏡花《いずみきょうか》(明治六年~昭和十四年)の作品に、『当世女装一斑《とうせいじょそういっぱん》』という《こゝに先づ一個の裸美人ありと仮定せよ、》から始まる、裸女の沐浴から着飾るための小道具までを執拗なまでに詳細に記した一種の随筆があり、その中で三枚襲について言及されている。《下着　三枚襲の時は衣地何にても三枚皆整ふべきを用ふ。たゞの下着は、八丈、糸織、更紗縮緬《さらさちりめん》お召等、人々の好みに因る、裏は本緋《ほんひ》、新緋等なり。》
尚、この下着は現代でいうスリップなどの下着ではない。着物の世界ではそれは肌着や襦袢、蹴出《けだ》し(腰巻)であり、泉鏡花もこの《下着》の項に至るより前に、それらについては書いている。鏡花は《下着》に続いて《合着》《上着》について記し、次に《比翼》の項で再び三枚襲についてこう述べている。

《一体三枚襲には上着も合着もはた下着も皆別々にすべきなれども、細身、柳腰の人、形態の風にも堪へざらむ、さまで襲着してころ〳〵見悪からむを恐れ、裾と袖口と襟とのみ二枚重ねて、胴はたゞ一枚になし、以て三枚襲に合せ、下との兼用に充つるなり、これを比翼といふ。甚《はなは》だ外形をてらふ処《ところ》の卑怯なる手段の如《ごと》くなれども比翼《ひよく》といへばそれにて通り、我もやましからず、人も許すなり。》

現在でも同じような比翼仕立ての着物は無いこともなく、「伊達襟《だてえり》」といって衿合わせの部分のみ布を重ねて二枚重ねているように見せる付け襟はさらにポピュラーで、盛装では定番の小物だ。

このように、鏡花の記述を読むと、三枚襲が合理化されて比翼仕立てになり、現代の伊達襟に行きついたことがわかるのである。また、近世までは婚礼衣装に限らず、三枚襲が着られていたことも察せられるのだ。

もっと時代が下った夢野久作《ゆめのきゅうさく》の『ドグラ・マグラ』にも三枚襲について言及がある。

《当年流行の新月色に、眼も眩《まば》ゆい春霞《はるがすみ》と、五葉の松の刺繍を浮き出させた補襠《うちかけ》、紫地、羽二重の千羽鶴、裾模様の振袖三枚襲ねの、まだシツケの掛かっているのを逆さに着せて、金銀の地紙を織出した糸錦の、これも仕立卸《おろ》しと見える丸帯でグルグルと棒巻《ぼうまき》にしたまま、白木の寝棺に納めてある……その異様な美しさ、痛々しさ。》

《衣装なんぞに用ははないという風に、極めて無造作に、裲襠と、帯と、振袖の三枚襲ねをつかみのけて、棺の傍に押し込みますと、その下から現れましたのは、素絹に蔽われました顔、合掌した手首を白木綿で縛られている清らかな二の腕、紅友禅の長襦袢、緋鹿子《かのこ》絞りの扱帯、燃え立つような緋縮緬の湯もじ（以下略）》

夢野久作の『ドグラ・マグラ』が刊行されたのは昭和十年（一九三五年）である。

諸々の資料と突き合わせて考えると、その頃には三枚襲の風俗はそろそろ過去のものとなっていたのではあるまいか、とは思うが、私の祖母の世代が先代から伝わった三枚襲の婚礼衣装を着たのが昭和の初め頃である。

当時はまだ、古風で贅を尽くした特別な装いとして存在し得た、少なくとも、小説の中で作家が演出として登場させても、読者がイメージを描くことができたのだろう。

さて、たぶん真知子叔母の経血が付いたのであろう三枚襲の赤と白の振袖のその後だが、母が「お寺」の叔母に電話で問い合わせたところ、先方は、不要なので好きにしてくれと答えたそうである。なので母は、着物を解いて汚らしい黴染みの部分を容赦なくハサミでジョキジョキと切り落とし、綺麗な部分だけを和風の服や雑貨を制作している工房へ持っていった。

工房では、着物はさらに細かく分解されて、女性用のブラウスや小銭入れ、化粧ポーチなどにリサイクルされたはずである。そしてそれらは、あちこちの和風雑貨店や衣料店に卸された。

かくして百三十年以上の長きに亘《わた》る代々の女たちの怨念が籠っていそうな衣装は散り散りになり、広く世間にばらまかれた次第だ。

貴女が、あるいは貴方の身近な女性が買った古布で作られた小物、それがそのうちのひとつでないとは限らない。

ちなみに、実家にある祖母の衣装ケースからは、今でも着物が出てくるそうだ。

私と母とで中身をすべて取り出して、空になったところを確かに私も見たのに、不思議なこともあるものだ。

三枚襲・白

明治から昭和初期にかけては、黒引き振袖が婚礼衣装として一般的だった。

白無垢の伝統は古く、室町時代中期から戦国時代の幕臣、伊勢貞陸《いせさだみち》が著した『娵入記《よめいりき》』に《衣裳は上着に幸菱《さいはひ》。白き小袖。打ち掛けたるべく候》とあり、室町時代には早くも白い嫁入り装束が推奨されていたことがわかっている。

しかしながら、日清戦争以後、第二次大戦までのいわば「戦争の時代」ともいうべき時期には、何事も質素にするよう国から度々通達が出されたり、倹約第一の風潮に呑まれたりして、贅沢な白無垢を避ける意味合いから、黒引き振袖が流行《はや》ったのだという。

その頃、庶民は留袖の着物や普段着で祝言をあげることも多かった。そもそも挙式の習慣は日本古来のものではなく、明治以降に始まったそうで、それすら中産階級以下にはなかなか根付かず、昭和二十年代までは地域によって異なる習慣にのっとったやりかたで、ごく内輪で祝うだけで済ませることが一般的だったそうだ。

そうしてみると、黒・赤・白の三枚襲《さんまいがさね》は、時代の徒花《あだばな》ともいうべきもので、裕福な中産階級以上で、貴族や武家ではなく古式に囚われない人々が現れて、贅沢な婚礼儀式を行うことができた、ごく限られた時期にのみ作られたことが推測できる。

現存している江戸後期の三枚襲には、白引き振袖とその他は別々に着た痕跡が見られるという。初期の三枚襲では、白は伝統的な白無垢風に着用し、お色直しで赤、黒をそれぞれ着たようなのだ。

いっぺんに三枚重ねて着ることを目的とした三枚襲の婚礼衣装は仕立てることも難しく、高度な技術を要した。ということは一流の和裁士に注文して制作日数を要するわけで、安く済まない。おまけに布を重ねたぶん目方があり、着付けづらく着心地も宜《よろ》しくない。

流行にはサイクルがあり、ここ数年、また黒引き振袖が流行っているというが、伝統という点では白無垢に軍配が上がり、着やすさという点ではウェディングドレスとは勝負にならないから、定番になることはないだろう。

百三十年前に三枚襲を初めに婚礼衣装とした父方の一族の女性は、最初の夫が自死した際に正気を失い、のちに限りなく自殺に近い状況で焼け死んだといわれている。

それを着た祖父母の末娘、真知子叔母も精神病院に四半世紀以上入院しており、俗信を廃した宗派の寺族に伝わるものだというのに、そんな具合に因縁がついた三枚襲。その端切れが、どういうわけか私の手もとに巡ってきて、怖い夢を見るようになった。

そもそも、赤引きと白引き——お引き摺りの黒振袖《黒引き振袖》を略して黒引きと呼ぶ大正年間以来の呼称《こしょう》を真似ることにする——が実家にあった祖母が遺した桐の衣装ケースから出てきたときから妖しかった。その衣装ケースからは何べん中身を片づけても衣装が湧いて出るという母の証言を信じるなら、呪いの類を想起したくもなる状況で現れたからだ。

しかし合理的をもって良しとする現代人である母は、遠慮会釈なく、薄気味悪い染みのある襤褸《ぼろ》と化していた赤引きと白引きに、私が見ている前で断ちバサミを入れた。そして和物の古布を洋装や和風雑貨にリサイクルする工房に持っていった。

これにて一件落着。血族に巣喰う宿痾《しゅくあ》の象徴物にして祟り神と化した悲劇のヒロインの憑代《よりしろ》たる件《くだん》の三枚襲は、真知子叔母が持っている黒い着物を除き、雲散霧消した、はずだったのだが。

近頃、私は着物に少し凝っており、和布を安く入手できる母に相談したのだ。半襟《はんえり》にちょうどいい布などないかしら、と。

すると母が寄越したのが、どう見てもあの白引きの端切れ。

白い縮緬《ちりめん》に凛《りん》と咲く紅梅の友禅染めの柄に見覚えがあったが、聞けば母は故意にこれを選んだわけではなかった。どうやら何枚か送ってくれた半襟用の布の中にたまたま紛れ込んでいたということのようだが、「白っぽいのなんて入れたかしら」とぼやくのを聞いて、厭な感じを覚えた。

端切れの方で私を狙って接近してきた、わけがないのだが、ような気がして。

いずれにしても、私には使えない。五十近い既婚の女が半襟にするには派手すぎるからである。紅梅は百三十年を経て尚も鮮やかな朱赤、それだけでなく白梅も咲いており、こちらは花弁や雄蕊《おしべ》が金糸で刺繍されている。成人式か、さもなければ七五三か、勧めはしないが――むしろ知っている人がやろうとしたら全力で止めにかかると思うが――花嫁さんのお色直しのお着物にうってつけという一品である。

母に送り返して再び戻ってきたらよけいに怖くなるので、私はそれを要らない着物と一緒にまとめて何度か利用したことがある麻布の古着屋に出すことにした。

しかしその日はもう時間が遅く、明日、持っていくことにして、寝たのである。

そして、夢を見た。

――私は白無垢を着て、金蝋に火を灯し、朱色の打敷を掛けた御尊前に向かって正座している。ここは「お寺」、母が尊崇と無意識に忌避する気持ちをないまぜにしてそう呼んでいる、父方の祖母の実家である寺院だ。

「至心敬礼《ししんきょうらい》　南無《なむ》常住佛《じょうじうぶ》　至心敬礼　南無常住法《じうほう》……至心敬礼　南無常住僧《じうそう》」

《至心礼《ししんらい》》を詠ずる父の背中が苦し気に傾ぎ、途中、声が途切れる瞬間があった。この頃では肺結核が進行してきて以前のようには勤行することができなくなっている。それがために二度目の婿取りを早めたのだった。

最初の祝言のときは親族のみならず主だった門徒も町のお偉方までも集め、華々しく式を挙げた。婚礼衣装は、当節流行《はや》りの三枚襲。松の黒引き、竹の赤引き、梅の白引きを金襴緞子《きんらんどんす》の丸帯で絞めた。

今日は、白無垢と見せかけて、内着には紅白の梅が描かれた白引きを着ている。ここ数年で寺の内証は少々悪くなった。また今回は寺族の他は誰も招かないのだから新しくあつらえるものは少ないに越したことはない、と、考えたのは私の母だ。

だったら三枚襲を着せたらよかろうものを、それは避けた理由は、あのハレの日に、今の新郎も招待客の中に居合わせたせいなのだ。せめて衣装ぐらいは新しいものに替えてやらなければ、そうでなくとも酷い役回りの婿養子に対して申し訳なさすぎるので。

だから真っ白ななりで私は再婚する。

白は生まれ変わりの色だという。この同じ場所で、あの人は死んだ。私も本当は死んでいるのかもしれない。死ななければ生まれ変われない。どうりで……。

うちの宗派では死んでも鬼籍に入るとはいわず、「往生即成仏」、浄土に往生するのだけれど、私の頭には今、鬼の角が生えているのだ。

綿帽子の下の角隠しが、私が鬼だという証拠である。

「人身受け難し、いますでに受く。仏法聞き難し、いますでに聞く。此の身今生においいて度せずんば、さらにいずれの生においてかこの身を度せん……」

おや、《至心礼》の次は新郎新婦の門出を祝う《表白文《ひょうびゃくもん》》を語るのが常なのに、父は《三帰依文《さんきえもん》》を詠じている。此の身今生において度せずんば、さらにいずれの生においてかこの身を度せん。……ああ、父には、わかっているのだ。私の気持ちが。

——生きている間に救われなかったからといって、子孫に取り憑いてなんとかしようとするなんて、宗派の教義に照らせばご法度中のご法度であろう。「さらにいずれの生においてかこの身を度せん」なんて冗談じゃない！

……と、腹を立てたところで目が覚めた。

夢では私は二度目の結婚をしたときの曾祖母の義母で、それを、同じ夢の中で現実の私が眺めていた。眺めていた方の私は夢では実体が無い、意識だけの存在だった。なんだ、彼女は狂ってなどいなかったではないか。

白無垢と鬼の寓意を、彼女は正しく理解していた。

「白は生まれ変わりの色」ということには民俗学的な裏付けがあり、たとえば平安貴族は産婦が出産をする小屋《産屋》を白布で覆うなどして白づくめにした。産婦や生まれたての赤子の衣服も白で統一し、此の世ならぬ空間を演出し、一定期間を経て産屋を出ると、《色直し》といって、色彩のある普通の衣服に着替えさせたという。

また、万葉集《まんようしゅう》の頃、田植えの前に早乙女たちは山籠もりして禊《みそぎ》を行い、禊が済むと、神の嫁になった証の白い衣を着たのだという。だから持統《じとう》天皇は百人一首で『春過ぎて　夏来たるらし　白たへの　衣干したり　天の香具山』と詠ったのだ。

白は神域の印。だから現代でも、巫女の衣も経帷子《きょうかたびら》も白いのだ。神域とはすなわち彼の世。産屋の母と子は此の世の者たちではないとしたのは、出産が母子ともに命がけだった時代の人の知恵だという気がする。

そして鬼は、本来の漢字の原義に倣《なら》えば死者の魂を指す。中国から死霊を表す「鬼」の字を輸入した日本は、そこに日本古来の和訓「おに」とイメージを平安時代末期頃までに付け加えた。字義と中国の故事を彼女は知っていたのかもしれない。

角隠しは、女の心には怒りや悋気《りんき》の鬼が棲まうから付けるのだとよくいわれる。従順でしとやかな妻になるように、また、嫉妬の鬼にならぬように、嫁ぐにあたり、角隠しによって女は呪いをかけられてきたのだ。彼女の属する宗派には「すみかくし」という黒い角隠しのようなものを女性の信徒が寺に参るときに付ける習慣がかつてあり、それが角隠しの起源であるとする説も存在するが、再婚する彼女の心に寄り添ったのは「すみかくし」ではなく鬼だった。ただし悋気などではなく幽鬼の方の。

生きながら死霊となり、その場にいながら彼の世にいる。あのとき彼女は、そんな心境に陥っていた。

しかし白無垢の花嫁は、もともと幽鬼のような存在だったのではないか。

ちなみに昔は、仏前に白無垢で参じるのは寺族に限ったことではなく、家庭の仏間でお仏壇を前にして祝言を挙げるのは、ごく当たり前のことだったという。武家文化の影響を強く受けた加賀地方には、今でも《仏壇参り》という婚礼の習慣が残っている。挙式当日の朝に、花嫁が婚家へ出向き、神棚と仏壇に順繰りに参って祖霊に挨拶をするのである。その際の衣装は、必ず白無垢でなければいけないとされた。

真偽は不確かだが、地方によっては、白無垢のまま婚家の墓所に行く習慣もあったという話を読んだこともある。

此の世の自分は生家で捨てて、つまり魂としてはいったん死んで、彼の世の者として婚家の祖霊に仲間入りを果たし、しかるのちに、婚家でお色直しをして現世の人となる。

そういうわけなら、白無垢は「あなた色に染まります」どころではない、死と再生の装置だったことになる。

それにしても、なぜ、赤引きではなく白引きの端切れが私の手もとに還ってきたのだろう?　真知子叔母が婚礼の際に白無垢の内着にしていたとして、その後、あの白引きが何か私と関わったことがあっただろうか。

その答えを得ることは、再びおかしな夢を見るまで待たねばならなかった。

眠りという一種の死の中で、私は再び過去を追体験したのである。ただし今度は、自分自身の身に起きたことだった。

――また叔父がいとこをうちに連れてきた。でも少しも嬉しくない。

いとこは、去年までは笑ったし喋ったし、普通に愛らしい幼児だった。

それが、今では死にかけの蛤《はまぐり》みたいに静かだ。そして近頃では、頬《ほお》や顎《あご》を腫らしていたり、体のあちこちに痣《あざ》をこしらえたりしている。

私たちは一緒に市営プールに行くことになった。叔父といとこと、私の両親と妹、それから私で。

みんな水着になった。すると、気がついてしまったのである。

いとこの太腿《ふともも》が、赤や紫の小さな三日月でびっしりと埋めつくされていることに。

本来は、前に飼っていたことがある蚕《かいこ》の幼虫の腹みたいに、青白くて柔らかそうな太腿だ。それが、遠目には紫と白と赤の醜いだんだら模様に染まって見えるほど、まんべんなく傷に覆われていた。

「どうしてそんな怪我をしたの?」と私はいとこに訊ねた。

いとこは「虫に刺された」といった。

そこに叔父が来た。私は、恐る恐る、あれは本当に虫刺されなのかと叔父に尋ねた。

叔父はたちまち顔を真っ赤にして、小さな声で「虫じゃない」と答えてくれた。細く尖った、真知子叔母の指先が思い浮かんだ。あの、形のいい桜色の爪――。

――場面は飛んで、本家の「お寺」の庫裏で、私は空豆を剥いている。横にいる父方の大叔母が、祖母に愚痴をこぼしている。

「分寺は酷いありさまだよ。知らない人が見たら破れ寺かと思うんじゃないか」

祖母は暗い顔をして、黙っている。その首にギプスがはまっている。

「ポットで殴られたんだって？」と大叔母が祖母にいう。

「困りました」と真知子叔母の夫である叔父がいい、みんながハッとする。私も。さっきから叔父は誰にも気づかれず、そばにいたのだ。ダラダラ涙を流しながら――。

――また場面が切り替わって、『白い巨塔』の財前《ざいぜん》五郎《ごろう》こと役者の田宮《たみや》二郎《じろう》が猟銃自殺したニュースがテレビで流れている。

ニュース解説者の話を聞きたいのに、後ろで母が誰かと電話で話している声がうるさくて集中できない。母は田宮二郎のファンだった。「学習院卒のお坊ちゃんでハンサムで……。本当に、死なくていい人が死んで、死んだ方がいいような人に限って……」

真知子叔母のことだろうと思った。

真知子叔母は、三度目の睡眠薬自殺に失敗して、一週間前から入院中である。病院からかかってきた叔父の電話を切ったあと、祖母は溜息まじりにこう呟いた。

「三度目の正直、というわけにはいかなかったのかねぇ」

真知子叔母も、田宮二郎のように、猟銃を持っていればよかったのに。

母が友だちとの電話を終えた。

「これから掃除するから、さ、ズボンに替えてきなさい」と私を急き立てた。

それから母と妹と三人で家の大掃除をした。祖父母と父といとこは前の日から「お寺」に行っている。祖父母といとこは「お寺」で元旦を迎える予定で、父だけ、明日帰ってくる。

真知子叔母が入院したから、今年の年末年始はいつもと違うことになったのだ。

夜、寝る前に、母と私に、妹がお経を唱える真似をしてみせた。

「なあむうほうしゃかむにぶつ、なあむうほうしゃかむにぶつ、なあむうほうしゃかむにぶつ、かいきょうげ、むみょうじんじんみみょうほう、ひゃくせんまんごうなんそうぐ、がこんけんもんとくじゅじ、がんげにょらいしんじつぎ、ようしんさんぞうほうしくまらじゅうやく。ぶっせつあみだきょう、なんまんだぶ、なんまんだぶ」

私はお経の暗唱など出来ない。「凄いね」と感心してあげると、妹は照れて、いとこと遊んでいるうちに憶えたのだと話した。

「あの子はもっと凄いんだよ。《阿弥陀経》を全部唱えられるの。すごく長いのに！」

「教えてもらったの？」

「ううん。遊ばないで勝手にずっと唱えてるから、聞いてるうちに覚えちゃっただけ」

やがて妹が母に「今日はママと寝る」と甘えだしたので、私は両親の寝室で寝てもいいかと母に許可を求めた。

玄関のチャイムが鳴ったのは、溜めておいた『花とゆめ』を両親のダブルベッドにありったけ持ち込み、読み耽《ふけ》っている最中だった。

チャイムに続いて、玄関扉がドンドンドンッと荒々しくノックされた。傍らの目覚まし時計を見やる。もうじき十二時だ。綿入れを羽織って廊下に出ると、隣の子供部屋のドアが開いていた。室内を覗くと、母が窓辺に立って外を見ており、妹はベッドで寝息を立てていた。

「真知子さんだと思う。「お寺」に電話しなきゃ」

「でも入院中だよ?」

「だけど、夜中に急に……それにあの叩き方……真知子さんじゃなければ、誰?」

母と話しているうちにもノックは激しさを増し、妹が目を覚ましてしまった。

と、ノックが止んだ。しかしホッとしたのも束の間、今度はチャイムが立て続けに鳴らされ始めた。妹が顔を引きつらせて母にしがみつく。「何? なんなの?」

「チャイムを止めさせないと。近所迷惑だわ」

「ママ、行かないで!」と妹が騒いだ。私は母に、「ここにいてやって」といった。

「私が見てくる。なんかあったら呼ぶから」

一階に下り、玄関灯のスイッチを入れた。扉の横の磨りガラスが明るむと同地に、ぴたりとチャイムが鳴りやんだ。やにわに静まり返る。

「どちらさまですか？」

返事がない。私は深呼吸をして、扉に付いた魚眼レンズに片目を近づけた。

濃い闇を背負って、真知子叔母が佇んでいた。

端整なうりざね顔は能面のように静かで、さっきまでのチャイム連打や荒っぽいノックが嘘のよう。前に会ったときと寸分変わらない、綺麗な真知子叔母の顔である。

しかし、あれはいったい何だろう？　夜の溶け込む黒いコートの前開きから、真っ白な風船のようなものが突き出している。

「真知子叔母さん、急に、どうしたの？」

声がうわずってしまった。私は混乱していた。真知子叔母は妊娠している。去年会ったときには平らだったお腹が、あんなに膨らんで。いつから妊娠しているのだろう？

「まり子ちゃんなの？　こんばんは。真知子です。入れてください。とても寒いの。凍えてしまう。ひとりで来たことがなかったものだから、間違えて違うところでタクシーを降りてしまって、ずいぶん探したのよ。迷子になっちゃって。早く入れて。迷子になってたくさん歩いたから、凍えてしまって、死んでしまうわ。入れて。早く！」

「ちょっと待ってください。母を呼んできます」

「いいから開けて！　開けなさい！　私を殺す気？」

「いえ、そんな」

魚眼レンズに真知子叔母の顔が迫り、視界が塞がった。

「は・や・く・あ・け・て！」

そのとき、いきなり後ろから肩を掴まれた。悲鳴をあげてしまったが、母だった。私を後ろに下がらせて、ドアを開ける。

「真知子さん、いらっしゃい。寒かったでしょう。さあ、上がって」

母は真知子叔母を招き入れた。平静を装っているが表情は硬い。真知子叔母は母を肩で押しのけて玄関に入ってきて、交互に爪先で踵《かかと》を踏んで靴を脱いだ。

「お腹が大きくて手が届かないの」

「そのままでいいですよ」と母が叔母の靴を揃える。

「うちの娘と主人はどこ？　二人とも、どこに隠れてるの？　いるんでしょ？　隠したのね？　かくまっているんでしょう？　私にはわかるんだから。病院にいるときから、全部聞こえていたんだから、騙そうったって、そうはいかない。嘘つき！」

母は蒼白になって凍りついている。私はたまらなくなって、真知子叔母に応えた。

「いいえ。嘘じゃありません。本当にここにはいないんです！」

「う・る・さ・い」

真知子叔母はドスドスと足を踏み鳴らして、私に掴みかかってきた。

「だ・ま・れ」

母が叔母と私の間に割って入ろうとして、叔母に肘《ひじ》で突き飛ばされ、上がり框《かまち》から玄関に転がり落ちて悲鳴をあげた。

私が母を助け起こしに走ると、真知子叔母は家の奥へ入っていってしまった。

「どこにいるのぉ？　出ていらっしゃぁい。隠れたって無駄なのよぉ」

歌うように節をつけていいながら、勝手に家の中を歩き回りはじめた。

「隙を見て『お寺』に電話するから、あなたは子供部屋にいなさい」

「わかった。……ねえ、叔母さんて妊娠してたんだね。知らなかった」

「あなたたちには、まだ話してなかったから。もうじき出産予定日なんですって。こんどのことで駄目になったかと思ったけど、大丈夫だったのね……。早く行きなさい」

階段を上っていくと、妹がいちばん上の段に腰かけて、声を殺して泣いていた。手を引いて子供部屋に行き、ドアを閉めて、妹のベッドに一緒に布団に潜り込んだ。

疲れていたが、一向に眠くならない。妹は目を瞑っている。眠ったのかと思っていたら、ぶつぶつと何事かをつぶやきはじめた。

「……如是我聞　一時佛　在舎衛国祇樹給孤独園　与大比丘衆千二百五十人倶……」

さきほどのつたない物真似とは違い、小声ではあるが節回しが堂に入っていた。本物の僧侶が憑依したかのような読経だ。

「……従是西方　過十萬億佛土有世界　名曰極楽　其土有佛　號阿彌陀　今現在説法
舎利弗　彼土何故名爲極楽　其国衆生　無有衆苦　但受諸樂　故名極楽……」

気味が悪くなって起こそうとしたが、揺すっても起きない。「起きて！　起きてよ！」

「みぃつけたぁ」

跳ね起きると、真知子叔母が子供部屋のドアを大きく開けて、仁王立ちしていた。

私は悲鳴をあげたが、妹はまだお経を唱えている。

「……舎利弗　如我今者稱讃諸佛不可思議功徳　彼諸佛等　亦稱説我不可思議功徳　而作是言　釋迦牟尼佛　能爲甚難希有之事　能於娑婆国土五濁悪世　劫濁　見濁　煩悩濁衆生濁　命濁中　得阿耨多羅三藐三菩提　爲諸衆生　説是一切世間難信之法……」

真知子叔母は、いとこの名前を妹に呼び掛けると「が・ん・ば・れ」といった。

「間違えたら、許さないんだから」

それから私に向かって「この部屋は暑いわね。暖房をかけすぎなんじゃないの？」と話しかけながらコートを脱いで、私の勉強机の椅子の背に掛けた。

コートの下に着ていた白い着物が表れた。帯をせず、胸紐を掛けて右脇で蝶結びにし、伊達締めを腹の膨らみの下で雑にブラウジングさせながら締めている。

梅の花を描いた裾模様が、こんなときなのに、とても綺麗だと思い、魅入られた。すごく素敵。ああいう美しいお着物をいつか私も着てみたい――。

そうか。あれが、例の白引き振袖だったのか。

切れ切れな夢から醒めて、合点がいった。

真知子叔母が八王子の実家に突然やってきたのは、一九七八年の十二月二十九日、私が十一歳のときのことだった。

俳優の田宮二郎が亡くなったのはあの前の日で、十四時過ぎに、母とテレビで田宮二郎が出演している映画『花と龍　第一部』を観ていたら、ニュース速報が流れた。

真知子叔母の三度目の自殺未遂と入院については聞いていたけれど、第二子を妊娠していたことは、あの日までまったく知らなかった。

叔母のお腹にいた子は男の子だった。彼は少年のうちに病気で亡くなってしまった。最期まで母親を憎み、恨んでいたそうである。

爪で太腿に傷をつけられていた可哀想ないとこは、高校を卒業して働きはじめ、経済的には苦労したようだが、三十歳のとき職場結婚をして、翌年、子供を産んだ。

産院にお見舞いに行った私の母に、いとこはこんなことをいったのだという。

「こんどの母の日に、母にカーネーションを贈ろうと思うんです」

いとこが真知子叔母について口にしたことはこれまで一度もなかったので、うちの母は驚いた。弟と同じように恨んでいるものとばかり思っていたのだ。

「どうしてそういう気持ちになったの？」

いとこは傍らで眠る赤ん坊を見つめながら答えた。

「今こうしてこの子がここにいるのは、母が私を生んでくれたお陰ですから。まだ会う勇気は出ないけど、感謝をこめて、お花を贈ろうと思います」

母は感動したが、根っからの現実主義者なので、それはいいことだが、真知子叔母に住所を教えない方がいいと忠告した。

いとこは朗らかに「気をつけます」と応えたという。

「弟のぶんも、私は、せいいっぱい生きなくちゃ。生きて生きて、この子を育てて、それからも生きて、私は、もっともっと幸せになるんです」

こうして血の呪縛は解けていくのだろう。

三枚襲の白引きの端切れは、リサイクルショップでは良い顔をされなかった。

「これから梅の柄は出ると思いますけど、これでは小さすぎて。半襟にはなりますが、肌につくものですから中古品を避ける人が多いので」

というわけで最後に残った因縁には大した値段がつかなかったが、売り払うことに躊《ため》躇《らい》はなかった。もう私の手もとに戻ってきませんように。南無阿弥陀仏。

あとがき

お気づきかもしれませんが、巻末の連作短編『三枚襲』を、着るときとは逆に、黒・赤・白の順番で並べたのは、着物を脱ぐことの暗喩です。

なので、あとがきは着物の下の《襦袢》に相当することになり、私は、より裸に近いことを書かねばならなくなりました。体験談であれ記録物であれ、人の過去に多くを頼る私の怪談では、裸は《現在》ということになるかと思います。

そこで、三枚襲の呪縛から逃れてからの後日談を語らせていただきます。

私は、子供を産んだいとこのその後を知りません。そもそも、父方のいとこたちについては、どこに住んでいるのかも知らないようになって二十年以上経つのです。真知子叔母に相当する人は現在も精神科に入院していますが、もう何年間も彼女に関して何の知らせも受けていません。あの叔母については、知らせのないのが好い知らせですが……。

ともかく、誰にも悪意は無く、お互いに自然に疎遠になりました。

私たちは、親族の誰かが死ねば今はまだ「お寺」に集まるでしょうが、私やいとこの親世代が逝ったあとには、それもどうなるかわかりません。

まるで、『三枚襲・白』の最後にバラバラの端切れになってリサイクルされた三枚襲の白引きのようですが、私たちも散り散りになって、世の中に呑み込まれていくのではないでしょうか。

『三枚襲』の三編は私の体験談で、実話ではありますが、エドガー・アラン・ポーの『アッシャー家の崩壊』をイメージしながら綴りました。

実際にポーのアッシャー家のように建物が崩れ落ちたり子孫が死に絶えたりするのではなく、現代では、近代化という名の崩壊や滅亡が起こると思ったので。

古くからの因習を捨てた結果、散り散りになる。これが一族にとっての崩壊と滅亡でなくて何でしょう。

私は、血族婚を止めて健康的になり、信心を止めて合理的になり、どこからどこまで明るく電気の光で照らして、めったに怖い目や理不尽な目に遭わされることがなくなった現代人の生活を甘受しています。

先述したように一族が血の結束を失って散らばり、お互いに無関心を極めるようになったことにも不満はありません。

しかし、その一方で、私たちが現代人になる代わりに失ったものを強く意識し、惜しむ気持ちを止められないでいるのです。

だから私は、土地や人の記憶を掘り起こして現在の出来事と照らし合わせる作業に、強く惹かれるのだと思います。

過去から現在を照射して、そこに何らかの構造を見出すことには、単なる郷愁や哀惜に留まらない、熱を帯びた興奮を覚えます。どんな種類の興奮かというと、初めての森で昆虫採集する子供のような……。

そう、実話怪談を書くことは、私にとっては一種の冒険なのです。

そんな次第ですから、私は、自分の実体験であれ、どなたかの体験談であれ、語りの舞台にある歴史や伝承を調べてみないではいられません。

いくら調べてもこれといった背景が見つけられない場合もありますし、何か見つけても語りのリズムや面白さを優先してあえて書かないときもあります。また、時間をかけて調べても、関係者に配慮する必要があって書けないことも少なくありません。

しかし、今回の『穢死』では、どの話にも、どこかしらに事実の痕跡を残すように心がけました。私が感じている興奮を読者の皆さまと分かち合いたいと思っています。

この本を書くにあたって大勢の方にご協力いただきました。取材に応えてくださった皆さまには深く感謝しております。担当編集者の中西如さんにも、この場を借りて御礼を申し述べたいと思います。

また、お亡くなりになっている『髑髏の呼び声』『寄生虫』『パンの実』のそれぞれの語り手さまたちと、いくつかのお話に登場する故人の方たち、そして『屍穢』で描かせていただいた昭和二〇年五月二十五日の山の手大空襲の犠牲者の方々に対しましては、謹んで哀悼の意を表します。

あらためて二十七篇を眺めて思うのは、私たちは屍者が無数に折り重なったうえで生きているということです。

言い換えれば、人は皆、死穢の土壌に咲いた一輪の花です。怪談もまた然り。それぞれの色と香りをご堪能いただければ何よりです。

最後まで読んでくださった皆さま、どうもありがとうございました。

二〇一七年二月吉日　川奈まり子

実話怪談 穢死

2017年3月7日 初版第1刷発行

著者 川奈まり子

デザイン 橋元浩明(sowhat.Inc.)

企画・編集 中西如(Studio DARA)

発行人 後藤明信

発行所 株式会社 竹書房

〒102-0072 東京都千代田区飯田橋2-7-3

電話03(3264)1576(代表)

電話03(3234)6208(編集)

http://www.takeshobo.co.jp

印刷所 中央精版印刷株式会社

定価はカバーに表示しています。

落丁・乱丁本の場合は竹書房までお問い合わせください。

ISBN978-4-8019-1009-6 C0176